华文教学研究丛书

总主编 郭 熙

副总主编 李嘉郁

中华文化教学研究

主编 李海燕

副主编 廖崇阳

商务印书馆

总主编 郭　熙

副总主编 李嘉郁

主　　编 李海燕

副主编 廖崇阳

编　　者 李海燕　廖崇阳　孙　刚
张娟娟　赵菁华

作　　者（按音序排列）
陈秉龙　陈荣岚　陈旋波
陈之权　程　燕　邓淑兰
方　明　耿　虎　顾圣皓
官宁劼　郭　熙　华霄颖
金　宁　黎欢仁　李嘉郁
李善邦　刘海娜　罗庆铭
马　峰　潘懋元　宋兴川
苏芳仪　谭天星　王爱平
王汉卫　吴英成　于逢春
张应强

前　　言

郭　熙

一直以来，汉语教学被简单地两分：一是国内的语文教学，二是对外国或外族人的第二语言教学。近年来，华文教学被逐步地单列出来，无论是教学还是研究方面都取得了不小的进展。华文教学以华侨华人子女为对象，以语言文化传承教育为目标，旨在比较全面地培养这些“祖语生”使用母语文的能力。在世界各地非母语环境下开展母语教学，有各自的特殊情况，因此，华文工作者在勤力教学的同时，也围绕华文教学开展了大量的研究工作，发表了一大批研究成果。这些成果内容丰富，涵盖面广，它们源于不同的华语区，也发表在不同的华语区，表现出不同的风格和特点。它们有的重在理论，有的重在实践，针对性、目的性很强。

另一方面，随着华文教学事业的发展和队伍的扩大，对华文教学研究成果的借鉴和吸收也成了华文教学工作者的迫切需求。但是这些文章发表在不同时期和地点，查找起来比较困难。我们觉得有必要把相关的文献搜集起来，进行编辑整理，于是就有了这套《华文教学研究》丛书。

这套丛书共10册，分别为：《华文教学理论研究》《世界华文教育现状研究》《华文教学方法研究》《华文听说教学研究》《华文读写教学研究》《中华文化教学研究》《华文教师培养与培训研究》《华文教材编写研究》《华语习得研究》《华文测试与教学评估研究》。

这次编选的总体思路是将相关论文的主要观点、研究方法、材料和结论集中起来,并尽可能地形成一定的框架,篇幅上则对原作尽量压缩,以便多选录一些。为了使读者对各册所涉领域的研究有一个总体的认识,我们请各册的主编分别进行了综述,希望这些综述能够反映该领域的实际。

选文尽可能考虑了不同观点的吸纳,但种种原因,未必能都照顾到,盼读者和作者谅解。

文献来自各个华语区,术语、行文风格和语言习惯都有差异。考虑到反映各地的实际面貌,除了一些技术性更动,语言方面大体保持原貌,必要时也加了一些注释。

这是我们第一次对世界各地华文教学研究进行梳理和总结,加之经验不足,时间紧迫,材料搜集困难,丛书一定有许多问题和不足。我们期待着读者的批评指正,更期待着更多的人关心华文教学研究。

目　录

综　　述

李海燕　廖崇阳

20 世纪 80 年代以来，随着中国国内一批华文学院或学校的建立，人们越来越认识到，华文教学因其教学对象上的特殊性，逐渐形成了自己独特的规律。文化教学作为其中不可或缺的一部分，亦有其自身鲜明的特点。但在以往的研究述评中，并未将华文文化教学与对外汉语文化教学进行区分，或杂而糅之，或将焦点集中在非华裔的外国学生的文化教学上。基于此，本文拟对 20 世纪 80 年代以来华文教学领域的文化教学研究成果进行回顾与梳理，从地位作用、理念方法、教学背景、课堂教学、教材编写等方面分别进行介绍与评价，并在此基础上，针对其主要问题及研究方向进行探讨，以期为文化教学研究的进一步发展提供一些参考。

一　文化教学研究的现状

(一) 文化教学的地位与作用

关于文化教学在华文教育中的重要性和必要性问题，潘懋元、张应强(1996)讨论了华文教育弘扬中华优秀文化传统的必要性，从内外两个方面分析了海外华人认同中华文化的心理驱动力，并对如何传承和弘扬中华文化进行了探讨。李嘉郁

(2002)提出华文教育中的文化教学担负着双重的任务,一是从属于语言教学的文化因素教学,二是独立的民族文化教育。李文进一步分析了针对华裔学生文化因素教学的两个特点,从五个方面论述了文化教学在华文教育中占有的独立而重要的地位,并探讨了施教的途径、方法和原则。苏泽清[①]论述了中华文化在华文教育中的主导地位及其培养兴趣、培养民族感情和培养人格的作用。几位学者的研究强调了文化教学在华文教育中的主导地位和所起的作用,并将弘扬和传承中华优秀文化作为华文教育的重要功能。这一定位较为准确、全面,与之相关的讨论华文教育与文化教学之关系的,如梁春芳[②]、吴端阳、吴绮云[③]、黄薇[④]、刘以榕[⑤]等也都认同这一观点。

(二)教学理念与教学内容

华霄颖(2007)分析了海外华校的文化课程设置情况,调查了学生感兴趣的文化内容和学习难点,指出文化教学面临的教材适用性问题、教学理念问题、教学手段问题以及教学深度问题。其中,改变教学理念的提出,即改变那种"重视知识的完整性,而忽视学习对象的学习兴趣"的传统教学理念,以及教学深度问题的提出,即"如何将文化教学经由那些具体可感的文化形

---

① 苏泽清《论中华文化在华文教育中的地位和作用》,《华侨大学学报(哲社版)》2004年第2期。

② 梁春芳《华文教学的五化》,《新加坡华文教学论文二集》,SNP泛太平洋出版私人有限公司2001年版。

③ 吴端阳、吴绮云《东南亚华文教育与中华文化传承》,《国家高级教育行政学院学报》2002年第6期。

④ 黄薇《再议华文教育中的文化教学——不容忽视中华民族优秀传统文化的传承作用》,《牡丹江大学学报》2009年7月。

⑤ 刘以榕《简论海外华文教育与中华文化传承》,《互动与创新:多维视野下的华侨华人研究》,广西师范大学出版社2011年版。

式，一点点引领学生到达传统文化精神的深处”，都具有启发意义。华文据此提出了文化教学的四大原则——多元文化原则、兴趣性原则、日常性原则和实践性原则，这可作为改善目前文化教学现状的对策，也可视为文化教学大纲以及教材编写的基本原则。官宁勍(2011)在对“以学生为中心”这一教学理念进行深入思考后，以文化教学为出发点，提出了内部信息和外部信息结合、静态与动态结合、整体和局部结合的三大原则，并将其所涵盖的内容细化，用以指导这一教学理念的具体实现。官文的研究是对“以学生为中心”这一教学理念的进一步深化，具有较强的可操作性。

金宁(1994)在分析华裔和非华裔学生在学习目的与动机、学习起点与悟性之不同的基础上，提出了文化教学的内容构想：加大知识文化的比重以拓宽其文化的广度，加强观念文化的教学以提高其文化的深度，加强“共时”文化的教学以增强其文化的力度。方明(2003)总结了中华文化教学的四个层次，即启蒙层次、初级层次、中级层次和高级层次，概括了不同层次的教学模式、教学内容和教学特点，并指出各阶段教学中应把握的环节。廖崇阳[①]以认知能力尚未成熟的少儿学习者为研究对象，分析了其文化学习的必要性和独特性，提出按不同的年龄段进行分层次教学的构想，根据其不同阶段的认知特点设置不同的教学内容。郭熙(2012)明确区分了汉语教学中的“文化”和华文教学中的“文化”，指出前者关注更多的是外在文化，即“交际文化”和“知识文化”，而后者除了外在文化外，还要非常重视内在

① 廖崇阳《谈谈少儿华文教育中的中华文化学习》，《侨务工作研究》2012 年第 3 期。

文化,即“观念文化”,也就是中华文化的“精神”。郭文指出了华文教学文化内容的独特性,这是很有价值的观点,“它给华文教学提出了新的要求和任务,也给华文教育领域的科学研究带来了新的拓展空间”。上述研究不仅关注了华教文化教学内容的系统性,也关注了文化教学内容的独特性,这对建构一个多层次、结构合理、内容分工明确的文化教学体系起到了铺路石的作用。

(三)教学背景

华文教学的对象是海外华人,相对于对外汉语的教学对象而言,他们的群体背景、文化背景以及所在国社会背景等均有所不同。海外华人文化经历了怎样的发展道路,具备了哪些特点;中华文化在海外的传播出现了哪些新特点,在海外的传承遇到了哪些问题;另外,海外华裔青少年在这种社会文化背景中,对中华文化持有什么样的观念,对中华文化的认知到了何种程度,以及他们对中华文化的认同持何种态度。只有了解了这些,教师才能够根据教学对象的特点和背景信息选择教学内容,调整教学方法,增强教学的针对性,达到培养其中华文化情结、丰富其中华文化品格的教学目标。

谭天星(1995)讨论了战后东南亚华人文化经历的两个变化,一是华侨文化向华人文化的过渡;二是华人文化的当地化与西化。谭文还将关注点延伸到了华人文化与中华传统文化的关系、与当地主体化文化的关系、与华族发展的关系,以及如何看待华人文化的国际化问题。龙登高[①]详细阐释了华侨文化向华

① 龙登高《中华文化在海外的移植和分异》,《华侨华人历史研究》1998年第2期。

人文化的嬗变。李明欢、黄猷[①]剖析了东南亚华人族群文化的主要特点,并就面向东南亚的华文教育政策提出了思考和意见。王焕芝[②]探讨了华侨华人文化的开放性、兼容性等特征,并进一步分析了其发展趋势。曹云华[③]在其专著中专章介绍和评价了东南亚华人文化具有的多元化、多层性、多样性和高度的开放性等特点,并指出其以民俗文化为主要的内容和表现形式。张戎[④]研究了融入主流社会进程中的美国华人文化,指出它已呈现出当地化的特点,积极向主流文化靠拢,同时,其固有的东方色彩也受到了华人社会的重视。这些研究不仅为文化教学的施行提供了背景信息,也为教学内容的规划提供了思路。上述的讨论都基于以下共识:海外华人文化源于中华传统文化,在一定程度上是后者在海外的发扬,但现代海外华人文化已是各所在国多元文化的一个组成部分,它融合了其他多种文化。这种联系和区别对于文化教学具有一定的指导意义。教学中,如何加强华人文化与中华传统文化之间的关系,并使之于双方有益,是我们不可忽视的内容。

海外华文教育承担着传播和传承中华文化的重任,张亚群[⑤]分析了东南亚华文教育面临的文化传承困境,指出有四个

① 李明欢、黄猷《东南亚华人族群文化与华文教育》,《海外华文教育》2008 年第 1 期。

② 王焕芝《新时期华侨华人文化的特征及其发展趋势》,《海外华文教育》2008 年第 2 期。

③ 曹云华《变异与保持——东南亚华人的文化适应》,五南图书出版股份有限公司 2010 年版。

④ 张戎《"融入主流社会"进程中的美国华人文化》,《八桂侨刊》2000 年第 1 期。

⑤ 张亚群《当代东南亚华文教育面临的文化传承问题辨析》,《华侨华人历史研究》1996 年第 1 期。

方面的因素增加了传承中华文化的难度，同时也探讨了东南亚华人摆脱文化传承困境的出路所在。陈晓桦[①]探讨了全球化条件下中华文化传承的特点及方式。华霄颖(2010)分析了北美中文学校中华文化传播的四个新特点，其中学习者中非华裔的增加成为一个关键性的特点，这使得其文化传播功能发生了深刻的变化，在传统的祖籍语言文化传播的基础上增加了跨文化的文化传播。这说明北美的华文教育对象已呈现出多样化的特点，而与之密切相关的文化教学也必然产生新的变化。

金宁[②]考察了东南亚华裔青年对中西方文化所持有的三种态度，指出他们对中华文化的态度经历了一个从消极到积极的心理过程，并分析了产生这种变化的因素。对于学生文化认知程度的调查，新加坡学者尤为重视。周清海[③]对 681 名新加坡华裔学生的文化知识进行了调查，发现学生对中华传统习俗较为熟悉，对传统道德与价值观的认识肤浅，在文学知识方面比较贫乏，在历史范畴的表现普遍偏低。无独有偶，陈之权(2012)于 2004 年对新加坡三所中学 120 名学生所掌握的中华文史知识进行了调查，其结果与周清海的研究基本一致。陈文进一步指出缺少文学的涵养和对民族历史的尊重会导致年轻一代文化情感的淡薄，并将造成"同化人"的出现、影响华族文化的传承与发扬等后果。值得注意的是，两次调查相隔十多年，其结果却惊人

① 陈晓桦《试论全球化条件下华文教育中的文化传承》，《教育探索》2007 年第 1 期。

② 金宁《论东南亚华裔青年的中西文化观》，《中国文化及对外汉语教学研究 教学研究篇》云南民族出版社 1998 年版。

③ 周清海《文化教育与语言教育》，《中国文化与世界》，上海外语教育出版社 1991 年版。

的一致，这也说明海外华文教育中的文化教学任重而道远。两位学者的研究对新加坡文化课程的设置与改革以及教材的编写具有启发意义。

文化认同是指个人对某一民族文化的归属感。华裔学生对中华文化的认同极大地影响到他们的汉语学习动机，并因此而影响到汉语学习的方方面面，是华文教育研究中的一个重要课题。王爱平(2000)对来华学习的102名东南亚华裔学生进行了调查，得出结论：菲律宾、泰国华裔学生在国家认同上效忠于其所在国，在种族认同上承认自己的华人身份，在文化方面对中华文化有本能的认同感，他们的国家认同与华人身份认同、中华文化认同并行不悖。这一研究结果同韩震[①]提出的“华侨华人多重文化认同”的概念相吻合。而印尼华裔学生在自己的身份认同上存在矛盾和困惑，影响了他们学习汉语的动机和目的。基于此，王文进一步分析了华裔学生汉语学习动机的重要特点，并指出这些特点产生的原因即在于他们“华裔”的身份以及由此产生的文化背景。在随后的研究中，针对某一特定华人族群的文化认同调查遂成为热点，王爱平[②]、章石芳、卢飞斌[③]、封丽金[④]分别针对印尼华裔学生、菲律宾华裔中学生、泰国华人族群展开了调查，其调查结果也基本趋于一致：这些族群均认同中华传统

---

① 韩震《全球化时代的华侨华人文化认同问题研究》，《华侨大学学报(哲社版)》2007年第3期。

② 王爱平《汉语语言使用与华人身份认同——对400余名印尼华裔学生的调查研究》，《福州大学学报(哲社版)》2006年第4期。

③ 章石芳、卢飞斌《菲律宾华裔中学生族群文化认同调查研究》，《福建师范大学学报(哲社版)》2009年第6期。

④ 封丽金《泰国华人族群对中国传统文化的认同》，重庆大学硕士论文2011年。

文化，但年轻一代的中华文化气息有日渐微弱之势，需要大力培养华族学生对民族文化的感情。华霄颖(2009)将研究的范围拓展到欧美华裔青少年，对他们中华文化认同的特点进行了调查和分析，指出其身份意识表现在对“老家”与“汉语”的认知上，而家庭教育对其文化认同的形成起到了十分重要的作用，并在此基础上提出了在学校中更有效地施行中华文化教育的建议。包小金①结合现实探讨了培养华裔学生民族认同感的方式与途径。宋兴川(2011)从社会心理学的视角，阐释了海外华文学校学生对自我文化的具体认同过程以及五种表现方式。宋文的研究是对华裔学生文化认同研究的具体化。

上述研究关注教学对象的文化观念、文化认知与文化认同，并为我们大致勾勒出其所处的特定社会文化背景，这为有针对性地施行文化教学打下了基础。

(四) 课堂教学与实践活动

华文教学中的文化教学一般分为两大类：一类是语言课中的文化教学，即在语言教学中渗透文化意识，是一种隐性的文化教学；另一类是专门的文化课教学，包括文化实践活动，被称为显性的文化教学。

1.课堂教学

(1)语言课中的文化教学

华文教学中的“文”、“道”之争由来已久，梁春芳②、王

---

① 包小金《浅谈华文教学与华裔留学生民族认同感的培养》，《世界华文教育》2009年第2期。

② 梁春芳《华文教学与传统文化》，《新加坡华文教学论文集》，南洋理工大学中华语言文化中心1994年版。

景萍[①]、翟汛[②]、王丹红[③]均对此作出相关论述。陈荣岚(2000)对这一"老生常谈"的问题提出了新的见解,将"语、文、道"的关系归纳为:"以语为首"、"以语带文"、"因文明道"、"因道悟文",认为文化因素教学应根据语文学科的特点和规律,有机地融合于语文训练中,使华裔学生在掌握听、说、读、写能力的同时,潜移默化地接受本民族传统文化的教育。关于如何将"语、文、道"三者统一于教学过程中,陈文也在教学目标、教学内容、教学方法、教学手段等方面提出了解决的办法。陈文的研究澄清了语言教学与文化因素教学的关系,并明确了文化因素教学所包含的内容,具有指导意义。

关于语言教学中如何导入文化因素,陈桂德[④]论述了文化因素导入应注意强调整体意识、"共时"文化,避免说教,控制好文化点的"量"和切入的方法。顾圣皓、金宁(2000)主张以"认同感"为导入的"切入点",以"共时文化"为其"侧重点",提出文化因素导入应遵循三个原则,即针对性、准确性和时间性。蒯伯象、白少玉[⑤]结合自身在印尼支教的经验,提出了在汉语教学中利用阅读感受、写作表现、课外迁移等方法导入文化因素。

针对特定教学群体,讨论文化因素的教学,亦有一些初步

---

① 王景萍《对外汉语教学(华文教学)中语、文、道三者关系与教学》,《海外华文教育》2000 年第 3 期。

② 翟汛《浅谈华文教育的"语、文、道"》,《海外华文教育》2000 年第 3 期。

③ 王丹红《把语、文、道整合于教学中》,《海外华文教育》2000 年第 3 期。

④ 陈桂德《文化与华文教学》,《中国文化及对外汉语教学研究 教学研究篇》,云南民族出版社 1998 年版。

⑤ 蒯伯象、白少玉《论海外华文教学中的文化传播》,《五邑大学学报(社会科学版)》2010 年 5 月。

的、探索性的研究。王永炳①针对新加坡的华语课本列举了在词语教学中导入文化因素的例释。王贤淼②试图结合柬埔寨华文教学的实际，阐述如何在语言教学中渗透文化因素教学。何懿③以菲律宾华语课本为例，总结了文化因素教学的六个方法。孙爱玲④主张将民间文化引入到印尼华文教学的课堂与教材编写，视角颇具新意。董于雯⑤力图将焦点对准菲律宾华校学生的文化因素教学，讨论了在总体设计、教材编写和课堂教学中如何导入文化因素，提出了导入的原则与途径。

分阶段针对不同课型讨论文化因素的导入，是文化教学走向科学规范不可缺少的一环。顾圣皓、金宁⑥探讨了初级阶段各课型文化因素导入的侧重点与方法，主张综合课应注重文化因素与词语的学习挂钩，听力课应采用语境设置与文化背景输入相结合的方法，口语课应把交际引入课堂，应走出校园、学以致用，应进行中外对比，而阅读课的困难则在于词语认读，材料的选取应由浅入手，使学生能产生亲切感与认同感。李善邦(2001)探讨了汉语综合课中文化因素导入的内容和方法，列举

① 王永炳《华语文教学中的文化因素教学》,《第五届世界华语文教学研讨会论文集 教学应用组 上册》，世界华文 1997 年版。

② 王贤淼《简议传统文化教育在华语教学中的渗透》,《九江师专学报》2003 年第 1 期。

③ 何懿《试论语言教学中文化因素的理解和把握》,《2005－2006 年度晋总华语督导看华校华语教学》，菲律宾华教中心出版部 2006 年版。

④ 孙爱玲《华文教学与民间文化》,《华文世界》第 102 期，2008 年 12 月。

⑤ 董于雯《菲律宾华文教育的文化导入》,《云南师范大学学报(对外汉语教学与研究版)》2011 年 3 月。

⑥ 顾圣皓、金宁《华文教育教学法研究》，暨南大学出版社 2000 年版，第 215－220 页。

出教学中所涉及的七个方面的文化点。在比较了华文教学与对外汉语教学在文化因素导入方面的差异后，提出了解说法、比较法、练习法、实践法等四种导入方法。于逢春(2009)则主张中高级阶段的阅读教学应更多地关注汉语思维能力的训练与培养，注重审美情趣和审美能力的培养，从而促进华裔学生对民族文化的认同。

(2)专门文化课的教学

华文教学界对于独立设置的文化课是比较重视的，在课程的设置、教学的设计以及教学内容的构想方面都进行了一定的探索。苏芳仪(2003)以美国南加州中文学校的华裔学生为特定的教学群体，探讨了文化教学的顺向式和逆向式两种教学模式，列举了文化教学活动的设计实例，并分别从教学者和学习者的角度设计了文化教学活动效果的评量内容和形式。苏文的研究具有很强的实践性和可操作性。彭俊①探讨了文化课程的教学目标和内容，指出教学目标是培养华裔学生的民族文化行为能力和民族文化素质，文化课程的核心内容是重点传授族裔文化中的中华传统文化的风骨精神，即有利于华人族裔生存和发展的具有民族特性、特质的思想财富和行为操守。

对于不同课型文化课的教学思路与模式，不少学者予以了关注，积累了一些成果。在文化常识课方面，李嘉郁②提出以学生的兴趣点为切入点，主张以客观的中国历史为纲，并辅之以相

---

① 彭俊《华文教育的文化教学》,《国务院侨务办公室课题研究优秀成果集粹》,国务院侨务办公室政研司 2005 年版。

② 李嘉郁《华裔学生历史文化教育方法浅探》,《华文教学论文集》,暨南大学出版社 2000 年版。

关文化事象的阐释，提供了很有实用性的教学思路；陈之权[①]主张将网络教学与小组合作活动相结合，进行文史知识的教学，并以具体的教学案例说明这一模式的运作流程。在文学课方面，马峰、黎欢仁(2011)探讨了多方位运用比较法的教学思路，强调在教学中进行文史哲的跨学科比较、中印文学的对比思考，以及在考试中设计比较题型、在毕业论文撰写中倡导比较研究等，对比较视野教学进行了很好的尝试；陈志锐[②]在其专著中探讨了新加坡华语的文学教学，提出了具体的文言文、现代戏剧教学的课堂设计。在历史课方面，耿虎(2002)讨论了华文教学中开设中国历史课的重要意义，指出教学的侧重点应以传授知识为主，并阐释了客观真实、浅显系统以及突出“实用性”和“中国特色”等教学原则。在才艺课方面，陈秉龙(2002)则将研究的焦点对准文化教学中的美术教学，对于美术教学内容的选择、教学手段的采用以及教学实践活动的开展等问题进行了分析和探讨。李淑芬[③]提出海外华人教育中的武术教学应兼顾教育性、技击性和健身性。王光辉[④]对华文民族舞蹈教学的现状进行了分析，并针对教学中的问题提出了改进策略。

课堂教学是文化教学研究的基础和重心，上述研究从总体上看，经验型的分析居多，有深度的理论创建较少见，但这类实

---

① 陈之权《小组讨论与线上活动的双结合：中华文史知识科的教学构想》，《新加坡华文教学论文二集》，SNP 泛太平洋出版私人有限公司 2001 年版。

② 陈志锐《新加坡华文及文学教学》，浙江大学出版社 2011 年版。

③ 李淑芬《论武术在海外华人教育中的功能》，《体育文化导刊》2008 年 1 月。

④ 王光辉《海外华人华侨民族舞蹈教学现状与分析》，《北京舞蹈学院学报》2009 年第 4 期。

践中的摸索是教学研究的必由之路，为构建文化教学科学系统的理论框架打下了一定的基础。

2.实践活动

文化实践活动作为文化教学的重要组成部分，引起了不少关注与讨论。李嘉郁(2003)讨论了文化实践活动在华文教育中的地位和作用，并对其今后的发展方向提出了建议。这一研究对推进文化实践活动走向教学化、规范化和科学化有积极作用。

旅游教学作为文化实践活动中最有特色的形式之一，也走进了学者们的研究视野。李嘉郁[①]阐述了旅游教学的三种形式，分析了其存在的问题，并就旅游教学的规范化提出了建议和构想。此后，李嘉郁[②③]对旅游教学的研究进一步细化和具体化，先撰文讨论了对海外华裔青少年夏令营活动的建议与构想，后将焦点对准“中国寻根之旅”夏令营活动，对其开展十年来的状况加以概括与评述，分析了其特点、问题以及今后的发展趋势。陈旋波(2011)将研究的层面推进到夏令营活动的形式与理论依据。游观博物馆是夏令营活动的一种重要形式，陈文列举了七种能充分发挥文化教育功能的博物馆的类型，探讨了博物馆之游的功能与作用，并针对现状提出了建议。随后陈文的研究[④]借鉴旅游人类学的理论成果，探讨了海外华裔青少年夏令

① 李嘉郁《对华文教育中旅游教学的几点思考》，《海外华文教育》2005年第1期。

② 李嘉郁《近年来华裔青少年“中国寻根之旅”夏令营活动的特点和发展趋势》，《八桂侨刊》2009年6月第2期。

③ 李嘉郁《对海外华裔青少年夏令营活动的若干建议与构想》，《八桂侨刊》2010年6月第2期。

④ 陈旋波《朝圣——海外华裔青少年夏令营的精神特质》，《第二届两岸华文教师论坛论文集》2012年8月。

营“游观”过程的“朝圣”动机，揭示出情感体验和审美体验在这一过程中的重要性，力图为海外华裔青少年夏令营实践活动提供可供参照的理论依据。

如何有效地利用地域文化特点，丰富文化实践活动，陈洪英[①]主张从开设地域文化课程、利用课堂进行地域文化渗透、加强文化体验、丰富游教形式等方面入手，加强体验式游教。这一研究拓展了文化实践活动研究的思路。

（五）教材中的文化与文化教材

汉语教材中文化问题的探讨也日益受到关注。何慧宜[②]调查了六套海外华文教材中国知识文化的编排方式和文化项目的组成与分布，对其优缺点做了对比分析。吴英成、罗庆铭（2011）着力于研究新加坡现行汉语教材中的文化内容，指出其存在的问题：重文化内容、轻语言形式；文化内容与移居地的现实生活脱节；重视陈述性文化知识，忽略程序性文化知识，在反思的基础上，提出了教材编写应走的方向。杨建国[③]探讨了编写华文教材时选取中华文化词语的原则、操作思路以及对词语的分级考量。叶俊杰[④]运用计量方法，对马来西亚华文课本中的中华文化词汇与本土化词汇进行了统计分析，指出汉语教材应更多地体现本土化特色。

---

① 陈洪英《体验式游教——庐山地域文化与华文教育课程设置探析》，《九江学院学报》2011 年第 1 期。

② 何慧宜《六套海外华文教材中国知识文化内容项目研究》，暨南大学硕士学位论文，2007 年。

③ 杨建国《面向华文教学的中华文化词语取舍问题探讨》，《第二届华文作为第二语言之教与学国际研讨会论文集》，2011 年。

④ 叶俊杰《马来西亚华文课本中华文化词汇与本土化词汇的计量研究》，《汉语国际传播研究》第 2 辑，商务印书馆 2011 年版。

在文化教材编写的经验总结方面，王汉卫、刘海娜(2010)以《新弟子规》的编写为例，从文化、内容、形式、难度等角度对传统蒙学读物用于华文教学进行了探讨，这一研究为观念文化类教材的编写提供了很好的参照。

在探讨课外文化读物的编写方面，李嘉郁[①]指出了现有读物存在的四个问题，从内容到形式等九个方面提出了具有参考性的建议。邓淑兰、程燕(2010)以《漫画成语故事》的编写为例，介绍了课外文化读物的教材定位、编写团队，探讨了教材的编写原则，并以样课为例阐述了教材体例设计的三大板块以及教材的呈现形式。

二 文化教学研究中存在的问题

回顾20世纪80年代以来华文教学领域的文化教学研究，总体而言，已取得了一定的进展，不少学者具有自己独特的研究视角，其中亦有精彩之作。但同时，我们也应该看到目前的研究还存在着诸多不足之处。

(一) 缺乏系统性

虽然有学者关注了教学内容的层次性，但在课程建设和总体设计方面，各学习阶段的知识元素具体有哪些，如何组成一个系统完整的知识链，体现由简单到复杂、由浅入深的螺旋型学习模式，鲜有人对此作出深入研究。迄今为止，仍没有系统化的教学大纲出台，这就导致不同阶段文化教学的随意性较大，缺乏教学内容和方法上的承接性和延续性。同时，研究项目之间存在

---

① 李嘉郁《华文教育中文化教学的理论与实践研究》，《国务院侨务办公室课题研究优秀成果集粹》，国务院侨务办公室政研司2005年版。

着不平衡性，如对于文化实践活动的探讨，多集中于旅游教学的研究，而对于工作坊、文化讲座、专题讨论、社区活动等其他活动形式则很少涉及，这种不平衡性也不利于研究的系统性。

（二）缺乏针对性

针对性的缺乏主要表现在：一，鉴于观念文化在华文教学文化内容中所占据的独特地位，如何将表层的中华物质文化、形式文化渗透到学生的精神和观念中去，在这方面对于教学策略的归纳和教学模式的研究较少。二，针对特定教学群体的研究并不多见，虽然已有一些探索性的研究，但大多是先介绍当地的华文教育环境，然后探讨文化教学形式，而对于不同年龄段、不同地区的华裔学生群体有什么特点，对中华文化知识接受和掌握到了何种程度，如何找到他们感兴趣的切入点，等等，还没有给予足够的重视。三，对于文化教材编写理念的针对性研究着力不足，如对使用对象的定位、文化内容的选择和编排、词汇难度的控制、练习形式的把握还缺乏具有建设性的研究。针对某具体文化教材的教学模式的研究工作还相当薄弱，如对于国家汉办和国务院侨办合作推出的“三常”系列文化普及读物，其教学方法策略的探讨几乎为空白，而这方面的研究成果对广大的海外华文教师的帮助是最为直接和有用的。

（三）缺乏理论性和实证性

目前的研究以经验总结居多，其原因可大致归结为：文化教学研究总的特点是紧密结合教学，出发点是为了解决教学问题，而不是建立理论模型。因此，对理论的升华或探索较少。但理论建设的缺乏必然会影响到研究的深度，适用于华文教学的文化理论框架和文化教学法还有待健全。同时，实证性研究也并不充分。对于文化教材内容的深浅程度的调查、学生学习成效的测评等,有了这些实证研究,才能为教材编写中难以确定的文化点找出立项的根据,为文化课程的建设和设计提供依据。

第一章

文化教学理论

第一节　文化教学的性质[①]

华文教育作为对海外华侨华人所施行的一种民族文化教育，包含两方面的内容，担负着双重的使命。其中的文化教学，相应地也负有双重的任务。认清文化教学的性质、意义及施行途径，对于促进华文教育的学科建设、更好地发挥其各方面的功能，都将起到积极的作用。

一　从属于语言教学的文化因素与独立的民族文化

目前，国内外的华文教育多以语言教学的形式出现，而"文化因素"[②]与语言教学的密切关系早已受到学术界的广泛重视。对华裔学生进行这种"文化因素"的教学，无疑也是必要的，重要的。

不过，虽然同样从属于语言教学，华文教育中"文化因素"的教学明显具有自身特点。

首先，绝大多数的华裔学生都有中华文化的背景，无论深层

---

① 本节选自李嘉郁《对华文教育中文化问题的几点认识》，《海外华文教育》2002年第1期。

② 这里的"文化因素"，据1994年"对外汉语教学定性、定位、定量座谈会"的《纪要》的表述，指"那些跟语言理解和语言表达密切相关的文化因素"。

抑或表层。他们往往既能保持所在国主流文化的价值取向和处世原则,同时又能对中国人的文化观念与思维方式、文化行为等泰然处之。较之其他外国学生,语用方面发生失误的情况也相对较少。在前者中常见的文化不适、"文化休克"现象在华裔学生中也绝少发生。可以说,华裔学生已预先排除了一部分语言学习中的文化障碍。因此,在"文化因素"的教学中,"教什么"的问题尤显突出。

其次,虽然华文教育的主体是华侨华人及其后裔,但是越来越多的非华裔加入其中也是我们不能否认并且乐于接受的事实。需要指出的是,非华裔与华裔中华文化水平的不一致是显而易见的。汉语对华裔而言是母语,无论自觉或不自觉,他们的学习汉语,都是一种自我认同、自我理解的过程。多项调查表明,华裔学生对汉语有本能的好感。况且语言教学本身也是对华裔学生进行民族文化教育的一条重要途径。如何应对学生在上述各方面的种种差异,掌握分寸,灵活处理,使"文化因素"的教学能够同时较好地服务于语言教学和民族文化教育,是我们无可回避的课题和挑战。

华文教育既是语言教学,同时又是民族文化教育。因此,民族文化的教育在华文教育中占有独立而又非常重要的地位。

对此,我们可以从以下五个方面加以理解。

其一,语言教学与民族文化教育相结合,一直是华文教育秉承的优秀传统。即使在华文教育受到严重冲击的20世纪六七十年代,仍有相当多的华文学校执着于民族传统文化的教育。1973年,马来西亚雪兰莪华校董事联合会提出的六项办学方针中,首要的是:"坚持以华文为主要教学媒介语,传授与发扬优秀的中华文化。”华文教育工作者为在海外保留中华文化的根本和中华文化资源方面所做的努力，仍令今天的许多文化学者感到“非常感动”①。现在，海外华人对中华文化的感情仍然浓烈，他们尤其不愿自己的子女成为文化上的“边缘人”，因此称华文教育为海外的“希望工程”②。由年轻的大陆新移民于 1994 年成立的全美中文学校协会，即以“弘扬中华文化，教育华裔青少年记住中国根”为明确宗旨。殷殷之情，历历可见。

华文教育这种教书兼以育人、成才与成人并重的办学原则，以及多年来它所取得的成果和所发挥的作用，得到了越来越多的国内外有识之士的重视与赞扬。马来西亚总理马哈迪尔称赞说，华文小学不仅教学认真，训导更成功，华校的学生知书且达礼，并号召其他小学向华小学习。

其二，输入中华文化的精华，将之化作海外华裔青少年生存与发展的巨大动力，是华文教育的重要使命。有许许多多的海外华人，尽管他们“不说汉语，也不练什么功夫”，却也“总被看成中国人”。一位在美国土生土长的华裔作家，不无自嘲地说，自己在唐人街的身份是“有圈内关系的圈外人士”，而在美国人眼里，又成了“英文说得极好的中国小伙子”③，其尴尬、苦恼可想而知。中华文化的深厚坚韧以及由此导致的海外华人的难以同化显而易见。虽然这样的“难以同化”有时并非华人有意而为，但由血缘而致的种族属性不可磨灭。不仅如此，民族歧视也始

① 新加坡《联合早报》编《第四座桥——跨世纪的文化对话》，新世界出版社 1999 年 10 月，第 211 页。

② 喃喃《华裔青少年华文扫盲与海外希望工程》，美国《侨报》，1995 年 11 月 9 日。

③ （美）布鲁斯·爱德华·何著、闽锐武译《茶壶烈酒》，珠海出版社 1999 年版。

终是笼罩在海外华裔头顶上的一块挥之不去的阴霾。且不言某些有意压制、排斥华人国家的情况，即使在美国、加拿大、澳大利亚这样一些明确倡导种族多元、文化多元的国家，民族歧视的现象也不同程度地存在着，“东方是东方，西方是西方”的观念在西方社会中根深蒂固。

如何越出两种文化的夹缝，明确自己的社会定位，保持心理健康，以积极的态度去应对来自主流社会的挑战，关乎华裔青少年一生的发展。通过民族文化教育使华裔青少年明确自己的民族属性，树立民族自尊与自信，无疑是最佳的途径。

美国耶鲁大学教授、《大国的兴衰》的作者保罗·肯尼迪宣称：“在近代以前时期的文明中，没有一个国家的文明比中国更发达、更先进。”中华文明曾经辉耀全世界，作为华夏民族的一员，民族自尊与自豪足以由此而生。中国五千年的历史，充满了内忧外患，但中华民族不仅没有衰亡，反而不断走向兴盛。因此，中华文化中必然蕴含着深刻的民族生存与发展的精神动力。身处异族文化中、面临种种压力与挑战的海外华裔，尤其需要从中华文化中汲取这种精神动力。新加坡新闻与艺术部长杨荣光在主持一项华语运动的仪式中强调，掌握中华文化有助于提高全民族的自我意识，而这种意识化作内在力量后，可使人们经得起灾难、政治动荡与战乱的考验。不仅如此，中华文化对于现代工商社会的诸多意义正在日益凸现。使华裔青少年掌握本民族的这种文化优势，更可以加强他们在社会上的竞争力。

其实，许多青年华裔已经意识到了这些，从而表现出对中华文化的莫大兴趣与热烈追求。因此，有人说，对于第一代华人，中华文化是个不能也不愿卸去的包袱，第二代华人想把这个包袱扔出去，而第三代华人又想把这个包袱捡回来。[①]

其三，倡导多元文化是开明开放的国家文化政策的重要体现，正在为越来越多的国家所采纳。华人作为住在国的公民，有权利有义务将本民族的优秀思想和品质和中华文化精粹融入当地社会，为当地的多元文化作出应有的贡献。对此，华文教育责无旁贷。原菲律宾中正学院院长邵建寅先生便提出菲华人"应在文化上认同祖国，保留中华文化传统，并将勤劳俭朴、勇敢进取之美德融入菲律宾文化，使之成为建国的动力"，因此，"华文学校的任务更加重大。"[②]

其四，近二十年来，国内外客观形势的发展使得海外华文学校中文化活动的功能日趋扩大，其在传播中华文化、帮助当地民众了解中国、增进民族友好、增强华人凝聚力、促进中外经济文化交流等方面正在发挥着越来越大的作用。

在欧美等地，随着大陆新移民尤其是技术移民的大量涌入，以及当地华人新生代经济与社会地位的提高而迁出老华埠，越来越多的中文学校出现在老华埠以外的地区。较之传统的相对封闭的华文学校，它们更加接近当地民众，逐渐成为后者了解华人、了解中国、了解中华文化的窗口。这些立足于社区的新型华文学校面向全社会，学生族裔复杂，往往一间教室就是一个多元文化社会。为配合教学而举行的各类中华文化活动，吸引了很多不同种族、不同年龄的社区居民。

这类中文学校也往往是学生家长及其他当地华人聚会和联谊的场所，学校组织学生进行的歌唱、书法比赛以及文艺演出等

---

① 阮次山《美国华人何去何从》，新加坡《联合早报》1995年12月20日。

② 邵建寅《中正五年》，菲律宾中正学院1994年出版。

文化活动，往往能得到家长及华人社团的热烈响应与积极参与，而后者亦乐于为学校的文化活动提供种种便利。文化活动无形中成为联系海外华人尤其是学生家长的纽带，有人因此认为，这样的华文教育将“大人社交”与“子女求学”、将“根在祖国”与“身在美国”进行了绝好的结合。①

作为开放式的民族文化教育与传播的形式，新型中文学校热心于承办中外文化教育交流项目，如全美中文学校协会曾组织邀请南京小红花艺术团、上海东方小伙伴艺术团等访美演出，使上万美国观众观看了充满东方艺术特色的演出；它也曾与中国海外交流协会联合发起“彩虹计划”，使 24 所美国中文学校与国内贫困地区学校结成友谊学校，并发动学生为中方友谊学校贫困学生捐款达万余元，等等，对中外友好关系的发展起到了积极的作用。

其五，关于华文教育，有一点必须提及，即它是中国侨务工作的一个重要组成部分，它还担负着争取侨心、凝聚侨心、维系侨心的任务。我国一向视海外华侨华人为国家、民族的宝贵资源，江泽民在 1999 年召开的全国侨务工作会议上，对此表述得更为具体。他说，侨务工作有一个艰巨的任务，就是要通过 3000 万华侨华人，特别是他们中的科教工作者，促进我们科教兴国战略的实施，“侨务部门要加强对海外同胞的工作，努力增进同他们的交流与情谊，争取他们为祖国的发展作出更多的贡献”。② 争取侨心的基础在于培养海外华人对中华文化的认同感及对祖籍国的亲和力，民族文化的教育为最根本的途径。成

① 苏祥新《美国又现中文热》，《广东侨报》1998 年 1 月 1 日。

② 《完成这一个艰巨工作》，《侨务工作研究》1999 年第 5 期。

功的华文教育培养出来的华人后裔，不仅是未来海外华人社会的栋梁，是致力于中外亲善的桥梁式人物，也是支持中国改革开放与经济发展的中坚力量。从这个意义上说，着力于民族文化教育，才能从根本上涵养侨力资源。

综上，华文教育中的民族文化教育，与语言教学是并列而非从属的关系，且其所发挥的作用正日趋广泛，日趋重要。曾有学者从世界性的汉语教学事业的发展以及不少海外华校以当地语言为媒介语讲授汉语课程等方面着眼，认为华文教育与对外汉语教学已无明显差别，提出华文教育应转向“华语教育”的观点。我们认为，无论出于哪方面的原因，都不能削减华文教育中民族文化教育的特色。

二　关于民族文化教育的途径与方法

在海外进行民族文化教育，无疑是一项十分复杂而又艰巨的工作，它要受所在国的文化政策、社会文化环境、学生族裔背景及心理倾向等多方面因素的制约。至于施教方面，华文学校也并非唯一，华人社团、华文媒体乃至国内的侨务工作部门，均在其中担当重要角色。华文教育界需要与相关各方通力合作，多角度多层次地开展各种形式的文化活动。以下设想可对此项工作的开展有所助益。

其一，课堂教学。一般有三种方式。一是使文化教育以无声并行的方式贯穿于语言教学，在语言教学中着意体现语言的文化载蓄功能。好处是这样的文化输入不会有强加于人之嫌，在文化政策尚不够宽松的国家也更具可行性。二是在有条件的学校将中国历史、地理、思想文化、艺术、民俗等分门别类地开列出来，以之为学校的必修课或选修课。另外，以书法绘画班、音乐舞蹈班等形式出现的文化课，也因具实践性和趣味性而广受学校师生喜爱。

至于具体的教法，尚有待广泛的实践与探讨，不过有一点应引起注意，即华裔学生由于家庭和社会环境的熏染，一般都对中华文化有一点感性认识和本能的好奇，在涉及中外关系的问题上有自己的感情倾向，等等。教师应对学生的这些情况有所了解，并注意发掘他们已有的知识点、兴奋点，以之为教学的契入点，使学生能够在纵横交错的历史文化大网中，为自己已有的知识找到合适的坐标，这样可使学生的兴趣和既定的教学目标达到较好的统一。

新加坡总理李光耀曾提出一个耐人寻味的问题：可否用英文来讲解中华文化？学者"否"和"是"的回答泾渭分明。前者的理由是儒学原理与汉字有千丝万缕的联系，用英文讲其原汁原味全没有了。后者的申辩也很理直气壮：用非汉语的任何语言都可以讲授儒学原理，原汁原味固然流失了不少，但新的色香味又发生了。[①]

这里涉及文化教育应采用何种语言的问题。以汉语讲授中华文化当然最为合适，在以汉语（包括汉语方言）为教学媒介语的华文学校，如马来西亚、蒙古及欧美的老式华文学校中，此尤具现实的可行性。而对其他学校则应提倡以当地语讲授文化课，因为语文与文化并进的要求势必加大文化教学的难度甚至使其无法进行。况且，以当地语言阐述中华文化，也未尝不是为

① 新加坡《联合早报》编《第四座桥——跨世纪的文化对话》，新世界出版社 1999 年 10 月，第 215 页。

中华文化加色加香加味之举。

其二，与华人社团的合作。海外华人社团为数众多，他们一向是华文教育的积极创办者和有力支持者。华人社团所举办的各类活动中，关乎民族文化者占绝大多数，节日庆典、民艺展出、文化讲座，等等，对于中华文化的学习者无疑是一个生动可感的大课堂。一方面，华文学校应主动联系华人社团，根据学校需要，使之有目的地举办一些适合华裔学生的民族文化活动；另一方面，针对华裔青年在渐渐游离出华人社团的趋势，学校要号召、组织学生积极走近华社生活。

今天华人社团已非简单地以血缘、地缘关系结成，以学术、文体、宗教、政治为纽带者日益增多，其所举办的活动各具特色，水平档次亦相差很大。华文学校应有所选择，要注意引导学生积极参与以下几类华人社团的活动。一，有关早期华人移民历史的展览，如2000年在渥太华举办的“华人移民文物展”等。参加这一类的活动可以使学生比较清楚地了解祖先对所在国家的贡献，从而有助于他们树立民族自豪感。二，有不少华人社团明确以争取民族平等权益为奋斗目标，他们也有意吸收青少年参与其中，学校更要教导学生加以配合，使之从小就培养起民族平等的观念。三，相对于老式华人社团的封闭和保守，一些新兴华社的活动宗旨显得开放而现实，如荷兰鹿特丹的华人福利促进会即致力于与荷兰政府及社会组织合作，以此推动华人融入荷兰社会。鼓励、引导学生参加此类社团的活动，可帮助他们认清本族群的社会定位和发展方向。

其三，与华文文学、华文媒体的协作。文学涉及人类感情和心灵，往往能充分地反映一个民族的精神本质。虽然今天的华人文学已不再是充满家国之思的华人移民文学，但华裔作家对民族血缘的认同，对中国历史文化的好奇、向往以及深刻的思索仍流诸笔端。指导学生阅读这一类文学作品，无异于一种春风化雨式的感情与心灵的陶冶。华文学校对此应加以引导，同时亦可建议华文报刊辟出一定的版面用以登载华校学生的优秀文章。对于学生，这样的写作，既是文字的锻炼，也是文化的熏陶，同时也是一种很好的鼓励。

关于华文教育与华文媒体的密切关系，马来西亚教总主席王超群用“唇齿”一词来形容，指出：“华文教育与华文媒体应紧密配合，携手合作，才能在全球化浪潮中屹立不倒。”①华文媒体在拉近华人间的距离、建立共同的认知、汇集力量发挥影响方面，具有着无可替代的作用。有效利用华文媒体，对于文化教育的课堂教学和社会实践均具有十分重要的意义。

其四，充分利用侨务部门的支持。华文教育在中国侨务工作中的地位在不断提升，1999年国务院侨务办公室更明确提出以拓展华文教育为今后一段时期侨务工作的重点，并为此调集了大量的人力、物力和财力。应充分利用这些有利条件，开展形式多样、内容丰富的文化教育。如国务院侨办会同有关部门已成功地举办了多届“华人少年作文比赛”，吸引了海外近万名华裔中小学生参加。对此类活动，华文学校要积极响应，广泛动员学生投稿参赛，引导他们通过这种生动活泼的形式体会中华文化的魅力；同时，结合华裔学生的实际情况献计献策，如提出作文比赛的主题，以使学生有意识地关注文化的某一方面，以收到

① 《南洋商报》2000年2月1日。

更好的教育与宣传效果。又如夏令营，它是海外华裔青少年为寻根访祖、旅游探亲、学习中华文化而进行的假期学习形式，一般由海外华人社团和国内侨务部门协办。2000 年，国务院侨务办公室举办了“2000 年海外华裔青少年寻根之旅夏令营”活动，参加者逾 2000 人，活动开幕式在人民大会堂举行，国务院副总理李岚清与会并讲话，在海内外引起强烈反响。2001 年，国务院侨办将继续举办新世纪寻根之旅夏令营联欢节，海外报名亦十分踊跃。通过参加诸如此类的夏令营活动，学生们都能不同程度地加深对祖籍国的了解，增进对祖籍国的感情，增强自己的民族意识。不过，夏令营作为文化教育的一种形式，目前尚不够成熟。虽然国内华文教育界对夏令营活动相当重视，从课程设置、教材编写到活动安排等方面都进行了不少有益的探索，不过仍停留在感性认识上，以经验性的为多，夏令营的活动安排也常现随机性。海外华文教育界，尤其是营员所在的华文学校，应重视对此类问题的研究。较之国内华教界，他们更加了解学生的特点和需要。

三　民族文化教育中应注意的几个问题

散布在世界各地的华人绝大多数都已成为所在国的一个少数民族（有学者称之为“华族”），华人本身对此亦确认不移。相应地，海外华人的文化也是华人所在国多元民族文化的一元及主体文化的组成部分，其内涵是以华夏民族文化为基础，吸收、融合了当地及西方文化的一种所谓的“华族文化”。在华文教育中提倡并着力施行民族文化教育，其出发点在于促使海外华裔青少年能够继承和发扬本民族的优秀文化传统，以利其更好地生存于当地,造福于当地。

澄清这样一些问题,是进行成功的民族文化教育的前提。鉴于此,我们在施行民族文化教育时,应注意把握以下几条原则。

其一,融合性原则。文化教育中,不仅要着力于“直的传承”,也要注意“横的交流”。任何一种民族的文化都需要汲取其他民族的文化以丰富自己,尤其是离开了本土要在异域生存与发展的民族文化,更离不开对当地文化的吸收与融合。融合性原则既要在认识上加以明确,也要在具体操作上有所体现。例如,在开展文化活动时,华文学校应尽可能地邀请其他族裔的人群参加,并为双方的相互了解及文化交流创造条件;对于华人社会某些表层文化的当地化,如以鲜花祭祖等,则应引导学生以“入乡随俗”的眼光看待之,诸如此类,毋需赘言。

其二,灵活性原则。应该承认,华人的汉语言、中华文化水平和对民族文化传统的认同程度等会因时、因地、因人而有很大的不同;各国政府的文化政策及对待国内民族教育的态度也相距悬殊。所以讲求技巧,因地制宜,也是文化教育的特色之一。

其三,避免国家观念、民族感情诸因素可能产生的负面影响。在一些文化政策仍较严格、对华人尚存戒备并有所抑制的国家,尤应避免带有政治色彩的超文化现象,如以“中华文化圈”指代世界各地华人社会的民族活动,以“血浓于水”、“爱国爱乡”之类的传统说法来加强所谓的“情意结”等,这样做的后果只能是使当地华人的处境更加困难,使本来很脆弱的华文教育受到不必要的冲击。

其四,避免文化活动中的橱窗化和舞台化。华文学校及华人社团所举办的有关民族文化的比赛、展演，时有场面热烈而内涵单薄的情况出现。唐衫、功夫、龙舟赛等反复亮相于各类文化活动，并成为一种应时应景的点缀。长此以往，极易使学生对中华文化的认识也停留于此，从而失去最初的好奇与新鲜感，进而对民族文化的意义产生怀疑甚至持不屑的态度。如何利用表层文化的展示，对学生进行思想文化、观念文化等深层文化的灌输，应引起我们足够的重视与思考。

第二节　文化教学的功能①

海外华文教育，既是海外华人的民族文化教育，又属于华人所在国教育的一个组成部分，受所在国教育政策、法规的约束与管理。由于具有这一特点，加上各国的政治条件、社会环境不同，华文教育在理论上和实践上面临诸多复杂的问题。海外华文教育要不要弘扬中华民族优秀文化传统，就是其中一个根本性的问题。今年初在华侨大学召开的“东南亚地区华文教育学术研讨会”上，有的海外华文教育工作者认为，鉴于所在国的政治条件与意识形态不同，华文教育只需进行语言文字教学，不宜弘扬中华民族文化；有的则认为华文学校应把办学宗旨从着重弘扬中华民族文化传统转移到为所在国、为华人社会培养专业科技人才上。但也有不少代表持反对意见。分歧实际上包含着两个相互关联的不同层次的问题：其一是华文教育要不要传承、

① 本节选自潘懋元、张应强《海外华文教育与弘扬中华优秀文化传统》，《教育研究》1996 年第 6 期。

弘扬中华民族优秀的文化传统;其二是如何传承、弘扬中华民族优秀文化。前者是实质性层次也即原则性的问题,后者是操作性层次也即方法性的问题,必须对两个层次的问题分别进行探讨。

一　华文教育应该弘扬中华民族优秀文化传统

(一) 中华文化是海外华人的文化之根

人类所创造的文化,一般都具有鲜明的民族特色。一方面,各民族人民在解决各自面临的特定的生存与发展问题的过程中创造自己的民族文化;另一方面,各民族人民又在自己创造的民族文化环境中生存与发展。民族文化一经形成,便成为维系民族成员共同的价值观念和生活方式的纽带,成为该民族人民生存和发展的依凭。同时,各民族文化的超时空的传承方式世代相袭,绵延不断。尽管海外华人各有不同的国籍,但都是中华民族的后代。中华民族文化是包括海外数千万华人在内的全球华人所共同创造与传承的,是属于全球华人的。

当然,海外华人长期居住海外,很多已在居住国繁衍了几代人。他们的文化特征,是中华文化与居住国各种文化、尤其是其本土文化相互融合的产物,带有不同于中华文化的某些因素。但是,文化的交融或本土化,是以文化的民族性为基础的,文化的本土化不可能导致文化的民族性彻底丧失。因此,海外华族文化无论与中华文化有多大差别,它与中华文化总是有着相同的文化渊源,即共同的文化之根。这是海外华人认同中华文化的心理内因。在华人居住国的文化环境中,无论华族文化属于社会主流文化还是亚文化,无论中华文化本土化程度如何,也无论华族后裔主观愿望如何，在其他民族看来，华人属于华族，与中华文化是不可分割的。这样而形成的文化民族性，是海外华人认同中华文化的心理外因。内外两方面的文化认同的心理驱动力，决定了海外华人认同中华文化的必然性。

事实上，无论是侨居海外的华侨，还是定居海外的华人后代，都有寻根的情结。他们身在异乡，生活在他族文化的氛围中，精神上感到如水中浮萍。因此，他们自发地在海外兴起各种宗亲会、乡亲会、华人社团等以联络民族感情；兴办各类华族学校，传播中华文化；组织各种省亲会、祭祖会回中国省亲祭祖；不少华族家庭仍然过中国传统节日、吃中国菜、用中药、用家乡语言、遵守中华民族家庭伦理规范……这一切深刻地说明，中华文化不仅体现在海外华人的生活中，而且渗入在他们的血脉中，成为他们精神上的支柱。

教育是传承文化的事业、弘扬文化的事业，也是创造文化的事业。海外华文教育尽管在华族居住国只是一种民族文化教育，但是文化的民族性及海外华人对中华文化客观的现实需要，决定了传承与弘扬中华文化是华文教育义不容辞的责任。

(二) 中华优秀文化是人类的共同财富

文化具有民族性，也具有世界性。文化的交往与交流，对于民族文化的世界性的形成与发展、民族性的丰富与强化具有直接意义。人类进入近代社会，民族间的文化交流由过去偶尔的、局部的交往扩大到经常性的、全球性的交流，形成了世界性的普遍交流，使每个民族能够吸收世界上最先进的文化成果以丰富自己的民族性，同时也使自己民族的文化成为整个人类文化的有机构成而表现出世界性，从而形成文化的民族性和世界性的有机统一。文化的世界性并不表明世界文化是一元的，而体现出民族性基础上的人类文化的多样性。

中华民族在五千年的历史长河中，通过与其他民族的文化交流，吸收与融合了其他民族的文化成果，创造了光辉灿烂的中华文化。也正是在文化的交流中，中华优秀文化走向世界，成为全人类的共同财富。人类文化史已经证明，弘扬中华优秀文化是对人类文化的重大贡献。中国古代的科技发明是人类社会向近代转型的重要推进力量。马克思曾说："火药、罗盘、印刷术——这是预告资产阶级社会到来的三大发明。火药把骑士阶层炸得粉碎，指南针打开世界市场并建立殖民地，而印刷术变成了新教的工具。总的来说，变成科学复兴的手段，变成对精神发展创造必要前提的最强大的杠杆。"①欧洲近代科学启蒙时代的哲学家培根，尽管并不知道这些发明源自中国，但对它们极力推崇，充分肯定了其对世界文化历史进程的意义。他说："纵观今日社会，许多发明的作用和影响是显而易见的，尤其是印刷术、火药和磁铁。这些都是近代的发明，但是来源不详。这三种发明改变了整个世界的面貌和一切事物。印刷术使文学改观，火药使战争改观，磁铁使航海术改观。可以说，没有一个王朝，没有一支宗教派别，没有任何伟人曾产生过比这些发明更大的力量和影响。"②又如，中华文化中以孔子的"子不语怪、力、乱、神"及"敬鬼神而远之"为核心的无神论理性精神，对在千年的封建神学统治下奄奄一息的欧洲文化的起死回生起到了重要的理性

① 《马克思恩格斯全集》第 47 卷，人民出版社 1979 年版，第 427 页。

② 杨振宁《近代科学进入中国的回顾与前瞻》，载张劲夫主编《海外学者论中国》，华夏出版社 1994 年版，第 91－92 页。

示范作用。借用孔学以反对教会的法国哲学家伏尔泰明确提出:"孔子所说的一切,只是向大家推崇美德,他没有在人们中间散布任何神秘的东西……孔子以为对老百姓实行德治比实行法治更重要。"他以中国人的日常生活为例一再强调:"按照道德规范行事,并非一定要信仰什么宗教不可。"①在某种程度上,我们可以说欧洲人正是在中华文化无宗教的理性精神示范下,萌生了向宗教"造反"的内在动力。又如中国的科举考试制度传至国外后,欧洲各国对这种不问出身、只考才学的中国文官制度赞扬备至,"从 1570 年到 1870 年的三百年间,单在英国就出版了七十多种有关中国官僚制度的书籍"②。他们用科举制度的精神批判欧洲承袭已久的贵族制度,早在 17 世纪初,英国人伯顿就说:"中国从哲学家和博士中挑选官员。他们政治上的显贵是从德行上的显贵中提拔上来的。显贵来自事业上的成就,而不由于出身上的高尚"。③他们吸取了科举制度的精华成分,建立了欧洲现行的文官制度。

在教育方面,中国历代教育家所提出的一系列教育教学原则与方法,如因材施教、循序渐进、温故知新、学思并重、由博返约、启发诱导、教学相长、言传身教等极大地丰富了人类的教育思想宝库。中国的书院制度所蕴含的教育理念、精神与方法,如教育以陶冶心性、提升德性为宗旨,书院以探究高深学问、穷究学理为目的,教育方法上以学生自修研究为主、教师讲学指导为辅等,这些都与西方近代之前的文教精神和大学理念有着契合之处。

---

①②③ 喻钟烈《超越西方去创新》,载张劲夫主编《海外学者论中国》,华夏出版社 1994 年版。

至于中国的文学、书画、音乐、园艺、建筑、雕塑、中医、丝绸、瓷器等，更是通过各种渠道为世界各民族人民所吸收，成为世界文化的重要成分。以上这些充分地说明了中华优秀文化早已走向世界，对人类文化作出了巨大贡献。因此，我们说中华优秀文化是全人类的共同财富，弘扬中华优秀文化不仅是中华民族的愿望，也是世界各民族人民的共同愿望，是人类文化进步与发展的必然要求。

中华民族文化对世界的贡献，不只是历史的，也是现实的。例如，20 世纪 70 年代以来，东亚和东南亚中华文化圈中各国经济的崛起，许多学者认为深层因素之一，是得力于中华民族的文化传统，提出了“对中国儒家文化推动社会经济发展的再认识”。他们研究了从儒家的社会思想、伦理道德到对待人际关系、运用经营方法。《孙子兵法》成为大学的课程，《菜根谭》成为海外畅销书，都不是偶然的。另一方面，西方社会在科技发达、经济富裕、为人类提高生活水平提供物质基础的同时，却导致了精神空虚、人格堕落、人际关系淡漠冷酷，以及破坏生态环境、破坏社会秩序诸多问题。因此，在人类即将跨入 21 世纪的历史时期，一些有识之士把追寻的视野转向了曾被轻视和否定的中华文化。1988 年 1 月，集合于巴黎的全世界诺贝尔奖得主，提出了“如果人类要在 21 世纪生存下去，必须回头 2500 年，去吸取孔子的智慧”的大会宣言①。1989 年底，联合国教科文组织在北京召开“面向 21 世纪教育国际研讨会”，发表了《学会关心》的大会宣言，号召“关心家庭、朋友、同行、社会、国家、其他物种、乃至地

---

① 李锁华《高科技时代的课题：发掘中国传统文化的精神资源》，《人民日报》1995 年 6 月 30 日，第 11 版。

球”，这正是中华文化的主要内涵和基本精神。1995 年日本《选择》月刊 1 月号发表题为《新价值观念冲击欧美》的文章，指出欧美国家正受到发源于将近 2500 年前孔子学说的新价值观浪潮（即“第三次价值观浪潮”）的冲击，“在这第三次价值观中显现出来的人与人之间的新格局，也许会把欧美国家从文化及产业创造力的衰退中拯救出来”①。越来越多的事例和现象说明，中华文化不仅在古代为世界文明作出了巨大贡献，而且将在未来的世界历史中再造辉煌。

中华文化越来越成为世界关注的焦点和重新审视的文化主题，从另一个侧面说明了弘扬中华优秀文化的必要性和重要性。海外华文教育处于他族文化的腹地，对于传播与弘扬中华优秀文化有着地理和环境方面的优势，为使世界共享中华民族优秀文化所蕴藏的精神财富，华文教育也应该弘扬中华优秀文化。

（三）弘扬中华优秀文化不是标榜中华文化优越论

在闭关锁国时期，中华民族曾有过中华文化优越论的心态，拒绝对外文化开放，扼制了文化发展、创造的机制，致使中华文化在向近代文化的转型过程中，失去了主动与其他民族文化交流与融合的大好时机，导致了中华民族在近代的落后与被动。同时，中华民族也曾经历过西方文化优越论所带来的苦难，认识到了西方文化的缺失。历史的教训和理性的思考，使人们认识到任何民族的文化，都有优秀的可以为人类共享的精神财富，也不可避免地存在某些缺失或不利于社会进步的东西。西方文化如此，中华文化也如此。因此，中华民族不会在新的历史时期重

① 廖盖隆《全球走势、社会主义和中国传统文化》，《新华文摘》1995 年第 10 期。

犯标榜中华文化优越论而鄙视其他民族文化的错误。弘扬中华优秀文化是在促使中华文化走向世界、世界文化走向中华的原则上的相互尊重的文化交流与融合，一方面让中华文化更好地为世界文化作出贡献，另一方面使中华文化在吸收消化他族文化中得以创新与提高，不应当也不可能以中华文化压制或控制华族所在国的本土文化。

目前，华族所在国有些人士担心华文教育弘扬中华文化会对其本土文化产生威胁，或者渗透中国的政治观念与意识形态，而对华文教育进行诸多限制，这其实是不必要的，也是缺乏远见的。中华文化本身也是融合了人类文化成果而发展起来的，如汉唐时期吸收与融合印度佛教文化而形成后来的禅宗及宋明理学；又如在鸦片战争之后吸收与融合西方文化而形成中国近现代文化等。它并没有因吸收异质文化而改变自己的民族特色，反而更加生机勃勃。另外，中华优秀文化是在长期的历史发展过程中凝结而成的，是各个历史时期优秀文化的积淀，而不只是某一特定历史时期的某种特定的文化形态。当然，他们对华文教育的误解和担心，从文化交流的心理反应来看，是可以理解的。除了从理论上阐明中华优秀文化促使各族文化发展的意义之外，更重要的是要通过华文教育的具体实践消除这些误解和担心。

二　根据不同情况解决华文教育中的具体操作问题

在明确了华文教育应该弘扬中华民族优秀文化这一原则之后，在具体的教育实践中还必须解决如何弘扬中华文化的问题。这个问题，牵涉华人所在国的政治条件、社会环境、华族心态以及教育宗旨、教学内容和方法诸多方面。我们认为，解决这些具体的操作性问题要本着一条原则，那就是尊重与遵守华人所在国的有关法律和教育政策，尊重海外华人自己的选择，结合海外华文教育的实际，区分不同情况，逐步解决。不宜强求一律，更不宜硬性规定。

下面，就“东南亚地区华文教育学术研讨会”提出的一些具体问题，谈谈我们的看法。

关于弘扬中华优秀文化传统与为所在国、华人社会培养专业科技人才的问题，我们一向认为华人不论是所在国的公民或侨居所在国的侨民，都应当为所在国、为华人社会的经济与社会发展作出贡献，因而华文教育也应当培养所在国与华人社会所需要的人才。弘扬中华优秀文化与培养专业科技人才并不是对立的。如上所述，弘扬中华优秀文化更有利于开发人才资源。因此，在坚持传承与弘扬中华优秀文化的同时，着重为所在国、为华人社会培养专业科技人才，符合社会发展要求，具有普遍意义。

是否要公开宣传弘扬中华优秀文化的问题，应当根据政治条件、社会环境而定。弘扬中华优秀文化，不一定要公开宣传，重要的是在语言文字教学上，在文学、历史、地理、艺术等课程中，体现“以语带文”、“文道结合”；在校园文化环境中，渗透中华优秀文化，使学生受到中华文化的熏陶。

关于汉语言文字与中华文化的关系问题。从理论上讲，汉语言文字既是进行中华文化教育的教学或学习手段，又是中华文化的重要组成部分，中华文化的诸多内容本身就凝结在汉语言文字上。虽然只学汉语言文字，也能了解中华文化的一些内容,但那与学习一门外语并无二致,会失去华文教育的真正特性。因此,华文教育应该兼及汉语言文字与中华文化这两方面,在加强语言文字的训练的同时,渗透中华优秀文化传统教育。但是,由于华人所在国情况差别很大,不仅政府的规定不同,而且华人的心态也不尽相同。这就要求因国制宜,因时制宜,逐步完成语言文字与文化教育并重的双重任务。

汉语言文字教学上的若干问题,当前的华文教育,在汉语言的学习与教学方面,有的用简体汉字,有的用繁体汉字;有的用汉语拼音,有的用注音符号;有的用普通话教学,有的用方言教学,使海外华文教育工作者感到为难。从理论上讲,简体汉字与普通话是联合国法定的工作语文,使用人口很广泛,汉语拼音采用 26 个拉丁字母,在拼写上与世界通用语言英语很相似,采用汉语拼音教学有利于青少年更好地学习汉语。因此,在华文教育中应该采用简化汉字,用普通话和汉语拼音方案进行教学。但由于历史与现实等方面的诸多原因,目前尚不能勉强统一,只能在实践中交流对比,取得共识,逐步创造条件,自觉改进。

诸如此类的具体操作问题还有很多,需要海外华文教育工作者本着原则性与灵活性相结合的思想,既要从理论上分析清楚,又要在实践中逐步总结经验;既要看到发展趋势,又要充分尊重业已形成的习惯,在华文教育的具体实践中逐步解决这些问题。

第三节　文化教学的现状[①]

一　海外华校文化教学现状

2006年，笔者受国务院侨办委派，赴日本横滨、神户进行海外华裔青少年中华文化知识竞赛试测。试测对象是两所全日制中文学校从小学五年级到初中三年级的学生。这两所学校均是具有百年历史的华侨学校，在华文教育方面积累了丰富的教学实践经验。在完成试测任务的同时，笔者分别就两校的文化课程设置、教学方式、学生的学习兴趣及学习难点等问题对教师、学生进行了问卷及访谈调查，调查结果如下。

（一）文化课程设置情况

	小　五	小　六	中一	中二	中三
横滨校	中国地理	中国历史	中国文化常识	中国交际文化常识	中国社会文化常识
神户校	中国地理	中国历史	中国地理	中国历史	不开设

通过调查，我们可以知道：

1.两校的文化课程概念是“大文化”概念，即把中国历史地理知识包含在文化范围之内。这种情况在海外华文教育（包括非全日制的业余中文学校）中是常见的。他们把汉语以外的课程都归总于“中华文化”的范围之内，与“语言”相对举。再如我们此次进行试点测试的“海外华裔青少年中华文化知识竞赛”，

---

① 本节选自华霄颖《海外华校文化教学现状与思考》，《海外华文教育》2007年第3期。

其测试范围主要依据已经出版的《中华文化常识》、《中华历史常识》、《中华地理常识》(即“三常”系列教材),知识点涵盖历史、地理、文化(狭义)三大块,也是“大文化”概念。因此,本文涉及的“文化课程”,也是“大文化”概念,包含历史、地理课程。

2.在文化课程设置上,囿于国别差异等客观因素,海外华校没有统一的教学大纲,也没有统一的教材,均由学校根据自身情况进行课程设置及教材选择。我们调查的这两个学校中,横滨校使用的是跟国内某学院合作编写的教材,并在中二、中三年级对文化内容进行细化,分为“交际文化”和“社会文化”,教材图文并茂。神户校使用的也是自编教材,除了历史、地理课程,没有开设专门的文化课程。

3.值得注意的是,除了专门开设的文化课程,其他课程的教学中也会涉及中华文化相关内容。这些课程主要是语文课、音乐课、美术课。语文课的内容会涉及传统文化介绍,而音乐课、美术课则直接教授传统美术形式(如民歌、民乐的欣赏及唱歌、国画、剪纸、脸谱制作等等)。另外,在调查中,我们了解到,每个学校还组织学生在课余时间参加民族体育、音乐、舞蹈、艺术兴趣活动,如武术、空竹、围棋、民乐、剪纸等兴趣小组。

(二)学生的文化兴趣

根据调查得到的数据统计,学生们的兴趣比较广泛。归纳起来,有这样几个方面的文化内容是学生感兴趣的:

1.中国传统节日及其活动(如吃饺子、舞龙、舞狮等);

2.《三国演义》《水浒传》《西游记》《花木兰》等在海外流传广泛或被拍摄成动画片的故事及代表人物;

3.具有形象的表现形式的文化内容,如民族服饰、刺绣、世界文化遗产等；

4.与学生在课余参与的兴趣活动相关的文化内容，如民族音乐和舞蹈、空竹、武术功夫、围棋等；

5.汉语课文涉及的文化内容或教师使用学生喜爱的形式讲授的文化内容，如横滨校某班的学生都填写了喜欢青藏高原的内容，原因是教师在上课时放映了相关的VCD，因而学生兴趣非常浓厚。

（三）学生的学习难点

对于这个问题，学生的回答相对较集中。经过分析，我们发现文化学习中产生的难点大都由语言难度引起。

第一，语体产生的难度。由于文化内容的语言表述通常采用书面语体，对于汉语水平仅限于日常口语的小学生而言，就会产生理解困难。阅读过程中频频出现的生词自然会使他们产生畏难情绪。

第二，专有名词产生的难度。这个困难主要表现在历史知识的学习中。历史课文中，朝代、人物、地名等专用名词多，学生普遍反映“看不懂”，教师也反映教学中在语言上所花的时间较多。

第三，抽象记忆带来的难度。除了语言难度的原因之外，大量的历史年代、朝代、历史人物、事件等内容因为无具体形象依托给学生的记忆带来困难。

这种情况表明，海外华校的文化教学与一般母语教学中的文化教学不同，其教学难度不仅仅取决于文化知识本身的难度，而且与语言难度密切相关。上述调查虽然仅在有限的范围内进行，但是窥一斑而知全貌，它大体能反映出海外全日制华校文化教学的一般情况。这些情况促使我们思考海外华校文化教学面临的一些问题。

二 海外华校文化教学面临的问题

经由上述调查情况，我们不难发现，海外华校的文化教学面临着一些问题。

（一）教材适用性问题

目前海外华校文化教学中，教材使用情况大致有三种：直接采用国内中小学教材、采用国内专供海外教材、采用与国内合作编写或华校独立编写的教材。很显然，三种情况中，教材的适用性依次呈递增状态。第一种情况的适用性一定最差，因为海外华校的学生与国内全日制学校的学生即便年龄年级相同，其汉语水平、所处文化氛围、心理特点、学习方式等均存在较大差异，教材不可能适用；而第二种情况，虽然专为海外编写，但是由于编写者身处国内，其海外华校教学经验的缺乏也会导致对教学对象的认识模糊，间接影响教材的适用性；第三种情况下，教材适用性相对较高，但是也不是完全没有问题，那就是教师的教学理念与学生的学习兴趣间的差异问题。

（二）教学理念问题

传统的教学理念立足于教学者的立场，比较重视知识的完整性，而忽视学习对象的学习兴趣，这点在文化教学上反映得相当突出。无论是文化课程的设置及先后顺序的编排，还是具体课程内容的设计，都只是从教学者角度出发。历史、地理、文化是必定开设的“老三篇”课程。讲历史，就一定从遥远的三皇五帝开讲，然后是历朝历代的历史事件、重大意义。知识的系统性自然得到了强调，但是学习者的兴趣却被扼杀了。从我们的调查结果中可以看到，由于身处海外，对中华文化的感触比较浅显，学生的文化兴趣点相对集中在直接或间接经历基础之上，依赖于具体的感性形式。如何转变教学理念，以学生为主体，在教学中探索将知识的系统性与学生的兴趣结合起来，改革文化课程设置及教学内容，以求得最佳的教学效果，是海外华校文化教学面临的一个重要课题。

（三）教学手段问题

对于海外华校学生而言，中华文化既熟悉又陌生。熟悉是因为他们都认同自己华裔的族裔身份，对中华文化的印象虽然模糊却又有着一份根深蒂固不可改变的依赖情感；陌生是因为他们身处海外，除了自己直接或间接的一些经历，中华文化又似远在千里之外，遥不可及。地理距离和语言距离产生的隔阂，是海外华校学生学习中华文化碰到的两大难题，而此阶段青少年又有借助于形象进行认知的心理特点，这些都要求文化教学必须借助于形象，用具体可感的形象帮助学生理解记忆文化内容。上述调查中学生感兴趣的文化内容或是文化本身具有形象性，或是教师采用了具体可感的形象教学。比如学生对青藏高原内容记忆犹新，就是因为教师运用了多媒体教学手段（DVD）。因此，海外华校文化教学手段必定是丰富多样的，但有一点是共同的，都必须借助于具有视听触觉感官形象的教学手段。

（四）教学深度问题

分析调查结果，我们会发现，学生对课本内容兴趣不大，这也许是文化内容的历史感造成的——距离他们的实际生活太远。相反，他们感兴趣的文化内容是在他们的生活中可以接触到的文化形式。海外华人社会对春节这一传统节日相当重视，每逢春节，传统社区都会有隆重的舞龙舞狮表演。学生从小亲眼目睹，自然对春节习俗了如指掌。他们每学一样传统才艺，如抖空竹、习武术、民乐弹奏等，都会对这一民族艺术形式印象深刻。毋庸讳言，这些方式都是很好的文化传承方式。但是，从另一角度而言，中华文化并不只是一些具体可感的文化形式，还有精深博大的传统文化精神、价值观念，那些抽象的知识未必有合适的表现形式，却是民族文化的精髓所在。这就是笔者所指的教学深度。如何将文化教学经由那些具体可感的文化形式，一点点引领学生到达传统文化精神的深处，是海外文化教学面临的一个关键问题。缺少这一步，文化教学就会流于表面形式，甚至会让学生对传统文化产生误解，进而有鄙薄之感。这就完全与文化教学的初衷背道而驰了。因此，文化教学的深度问题必须引起海外华校文化教学者的重视。

第四节　文化教学的原则

壹　基本原则[①]

海外华校的文化教学肩负着民族文化薪火相传的重任，因而教学的成败直接关系着民族文化传承。因此，提高教学效果

① 本部分选自华霄颖《海外华校文化教学现状与思考》，《海外华文教育》2007 年第 3 期。

具有重要意义。在海外华校的文化教学中，必须坚持下列四大原则。

一 多元文化原则

中华文化是屹立于世界各民族文化之林中的一株参天大树，我们传承弘扬中华文化是建立在多元文化原则基础之上的。承认文化多元，并尊重多元文化，也是尊重自身文化个性的表现。在海外进行文化教学坚持多元文化原则，是对海外华裔特殊身份的清醒认识，也是对海外华文教育特殊性的清醒认识。海外华校学生由于身处异国，居住国文化与祖籍国文化的差异甚至对立也会体现在文化学习之中，这就要求教师在教学中充分认识到这一点，并运用多元文化原则进行化解。笔者在美国讲学时，曾经听到当地华文教师反映，课文上讲到"孔融让梨"和"武松打虎"时，在美国出生长大的华裔学生大惑不解，认为违反了人人平等原则和动物保护原则，而教师也认为国内编写的教材脱离美国文化实际。其实，运用多元文化原则，告诉学生课文的文化背景及其中蕴含的中国传统道德观念，并与美国文化进行比较讲解，就能轻松自如地解决问题，而并不涉及文化的优劣比较。这个例子还只是语言教学中涉及的文化因素。文化教学中，两种文化的碰撞就会更多。因此在文化教学中运用多元文化原则，还有利于培养学生开阔的文化胸襟，有利于学生在居住国文化与祖籍国文化之间找到恰当的平衡点，帮助学生融入居住国文化。事实上，多元文化原则正是中国传统文化中"和而不同"精神的现代版本。

二　兴趣性原则

兴趣性原则的提出实际上蕴含着教学理念及教学立场的变更，因为兴趣性原则的出发点是学生而不是教学者。笔者曾经在一次华文教育国际研讨会上聆听一位北美华校资深校长的呼吁，建议历史课本的第一课介绍郑和下西洋到达北美的史实。这位校长可算得上是对学生了如指掌，深谙学生的学习兴趣所在。当然，课程教学内容的更迭不是一朝一夕能完成，但是在具体的教学中，我们完全可以从学生的兴趣出发，将教学目的与学生的兴趣有机结合，提高教学效果。对正处于青少年阶段的学生而言，兴趣是最好的老师。在文化教学中坚持兴趣性原则，能使教学事半功倍。

三　日常性原则

传统的文化教学往往是以知识文化的讲述为主，这些文化常识由于时间和空间两大阻碍，与生活在当代异国的学生的距离甚远，容易使学生产生隔膜感，进而影响教学效果。而我们的调查显示，学生更易对身边可触及的文化内容感兴趣。因此，在教学中优先采用那些具有日常性的文化内容进行教学，或在比较深奥的文化内容中发现具有日常性的因素作为教学的切入口，就是日常性原则的具体体现。坚持日常性原则，其实是将文化教学内容具体可感化，使文化教学内容贴近学生的日常生活，让学生在日常生活中感受中华文化的精髓。

四　实践性原则

实践性原则是指将文化教学的课堂授课形式与具体的实践活动结合起来。我们的调查显示，海外华校的文化教学并不仅限于文化课程，也不仅限于课堂讲授。课后以兴趣小组、比赛、回祖籍国旅游等各种形式出现的活动也是文化教学的有益补充。前面我们提到，学生感兴趣的文化内容往往和他自身直接或间接的经历有关。因此，课外的相关文化实践活动是文化教学很好的补充形式。另外，在课堂教学中也要坚持实践性原则，即在课堂中结合教学内容安排实践活动。我们在横滨校看到厚厚的一叠学生报告，都是文化课上老师布置的研究性实践作业。比如有资料整理型（介绍中国的农业、工业），有实地考察型（去中华街上某家中华料理店学习一个中国菜的做法，或者暑期回中国老家旅行）等，学生可以单独完成，也可以小组完成。通过诸如此类的实践活动，学生对中华文化某个方面的了解就较为透彻，也增加了学生对中华文化的学习兴趣。

贰　具体原则[①]

一　绪言

（一）文化教学在华文教学中的地位和意义

任何一种语言教学，都必然依附于对应的文化；语言教学的

---

①　本部分选自官宁劼《华文教育文化教学中“学生中心”的实现原则》，《世界华文教育》2011 年第 4 期。

过程，其实也是一个文化信息传播的过程。在对外汉语教学中，汉文化强大的附着力和深远的影响力更是处处得以体现。自华文教学脱离对外汉语教学而成为一门独立的学科开始，华文教学中的文化教学，与对外汉语中的文化教学相比，具备了更为重要的意义，同时也承载了更独特的使命。

首先，由于华文教育的教学对象是海外华人华侨，因此文化教学的内容并不仅仅是要介绍与语言教学相关的文化背景，文化教学的目的也不仅仅是为了让学生更好地掌握汉语。其根本任务，是要唤起学生对于母族文化的认同感，使他们产生传承中华文化的使命感和责任感。因此，区别于对外汉语教学，在华文教育中，语言教学与文化教学处于同等重要的地位。可以说，在华文教学中，语言教学是基础，文化教学才是真正目的。

其次，华文教育的特定环境决定了文化教学的重要性。早期的华文教育是由华侨教育发展而来的，目前的华文教学活动也多在海外华人创办的华校进行，这反映出老一代华人希望后代能够在学习华文的过程中保持并发扬中华文化的深厚期望。同时，由于受到了居住国的文化环境影响，华裔后代对于中华文化在宏观上了解不足，对中华文化的印象仅仅停留在传统民俗节庆等细节上，民族情感不强烈，甚至对中华文化产生隔膜和疏离感。父辈的期望与客观社会环境的矛盾，更加凸显文化教学的作用。通过中华优秀文化的魅力消除华裔后代对祖国的陌生感，唤起他们的民族亲情，并促进所在国多元文化的融合，既是老一辈华人华侨的心愿，同时也是由华文教学所在的社会背景决定的。

最后，华文教学中“育人”的特定目标也决定了文化教学的不可缺失。华文教学的教学对象多为青少年，这决定了华文教育过程中必须要有道德情操的培养，健全其人生观和价值观，并在文化教学中，渗透中华民族吃苦耐劳、自强不息、团结和谐等优秀品质，以培养并丰富华裔后代的中华文化人格。这些对部分学生身上受外来文化糟粕影响所形成的不良习气有很好的消除和纠正作用。

(二)“学生中心”实现原则的提出

任何类型和形式的教学活动都是围绕教师的教和学生的学展开的，这一核心影响全局，辐射到教学中的其他因素，如教学方法、教学顺序、教学内容等，并最终决定教学的效果，是所有教学活动中的根本，而相关教学大纲的提出也不可避免地要受到这一核心关系的决定性影响。因此，师生关系的重心取向历来都是学者研究和关注的重点。目前在对外汉语界比较流行的说法是“以学生为中心(或主体)，以教师为主导”。在这一观点中，师生二者的关系、地位看似有不同的侧重，然而实际上与“师生同为中心”的“双中心”说并无太大差别。而且，在实际操作中，我们可以发现理论和实践有很大区别:学生仍然是教学的对象客体，而教师仍然“不由自主”地成为教学的主体。究其原因，是因为在实践中，如何能够兼顾“教师的主导”与“学生的中心”，并将二者“有机地统一起来”，仍然是教师面临的一大难题。很多教师采取的办法是，在课堂上灌输知识之余，多提问题，多做练习或一些小游戏，以此调动学生的主动性，这种方法实际上仍然以教师为中心，而且让学生多回答问题，多参与练习训练，也并没有从根本上体现学生在课堂中的“单一中心”地位。

对于华文教育中的文化教学而言，无法实现课堂教学中“学生中心地位"的情况更加明显,这是由于文化教学内容本身是静态的,特别是知识文化部分,大都需要教师依靠课堂讲解的手段介绍给学生,这就容易造成文化教学的教学手段单一,在课堂上以教师为中心的局面更加突出,从而影响文化教学的效果。而上文提及,文化教学在华文教育中有着举足轻重的地位,文化教学的效果很可能直接影响华裔学生对于祖国的认知。鉴于此,笔者以华文教育的文化教学为出发点,对"以学生为中心"这一重要原则的实现进行思考,提出以下具体原则。

二 内部信息和外部信息结合的原则

"以学生为中心"的教学,无形中要求教师要有更多付出和劳动:教师需要更多地接触学生、了解学生,从交流中了解学生的看法和意愿,从而根据学生的具体情况,调整教学内容和教学方法,以增强教学中的针对性,凸显学生的中心地位和学习主动性。具体到文化教学,要求教师能够根据教学对象的背景信息选择文化教学内容,这些信息包括学生的内部信息,如年龄、个人背景等,也包括了以学生为核心涉及的外部信息,如群体背景、家庭背景乃至所在国社会背景等。

(一) 学生年龄

学生的年龄偏小是华文教学中的普遍现象。据调查,华裔学生的平均入学年龄约为 17.8 岁[①],有的华校设立小学,则入学年龄更小。总体来说,开始接受华文教学的学生处于中小学年龄阶段。这也就意味着,文化教学的导入和教学手段,都要适

① 李善邦《华裔学生的汉语口语教学及其相关因素》,《华侨大学学报(哲社版)》2002 年第 4 期。

应这一年龄阶段的学生特征,文化教学内容也要体现出层次性。比如对七八岁的学生讲解的文化项目应该是隐含性较少的内容,可以用实物或图片、录像展示等手段让学生有直观感知,例如:月饼、馒头、熊猫、龙等。学生年龄越大,思维逻辑性和理性分析能力越强,这时候的文化教学也需要适时调整教学内容和手段,以免"低幼化"教学的出现影响学生的学习兴趣。

(二)考虑学生的背景信息

任何一种性质的教育、教学,都不能脱离社会的具体环境。各国各地区的华文教学的目的、性质、方法以及内容,都是建立在当地社会的具体背景下的。因此在实践中,教学手段和内容往往因时因地而体现出差别。在进行文化教学时,更是要注意将学生个人的背景、学生群体的背景和当时、当地的社会政治文化背景等各种内部和外部信息统筹考虑,重视对学生背景信息的了解,加强对学生个体和群体特征的研究,才能全面了解学生对汉语、对祖国及其文化的情感态度,在主观上和客观上更好地实现文化教学中以"学生为中心"的目的。

1.学生的个人背景

学生的个人背景,包括个人的家庭背景和语言背景等要素。家庭背景与学生的母族文化认同程度紧密联系:父母或自己本身是第一代移民的学生,家庭中的中华文化意识往往保留得较为完整,对基本的文化信息掌握得也更为全面,因此对文化教学内容中的抽象概念,如多神信仰、中庸价值观等接受起来也更为容易;相反,家庭移民年代越久远,学生在家庭环境中接受到的中华文化信息越零散,对母族文化的整体性认识不强,因此在进行文化教学时就要避免过于抽象的文化内容,并且注重培养学生对于母族文化的整体感知，欣赏如中国画、书法、京剧等这些能够体现中华文化宏观意识的艺术作品。

不仅是语言教学要考虑学习者的语言背景，在文化教学中也要从语言的角度选择适当的教学内容。应该指出的是，目前的华文教师往往注重所在国语言与汉语之间的区别与联系，笔者认为，在注重汉语和外语的区别这一大背景下，更应该注重学习者的方言背景，这也是华裔与非华裔汉语学习者的一个显著区别。在海外华人社区中，粤语、闽南语、客家话等方言使用广泛，不少华裔学生是带有方言背景来学习普通话标准语的，对于方言区文化的认同感往往比较强烈，同时，也已经带有方言所附着的部分交际文化和知识文化背景。因此在进行文化教学时，可从学生所属的方言文化中选取知识文化项目，如介绍当地的名人、名胜、历史故事、传统等，进而扩大到整个中华文化，将祖籍地文化与中华文化的普遍性贯通。文化的导入将更易为学生接受，同时也将具有方言背景学生本身具备的对于故乡的认同感和亲切感扩大到他们对于祖国的认同感。同样，在进行初级阶段的语言教学时，也可以根据学生的方言背景输入一些地方文化信息，唤起学生的学习兴趣和热情。

2.学生的群体背景

除了考虑学生的个人背景之外，文化教学也要考虑学生所处的群体文化背景。华裔学生所处的群体文化由家庭所处的社区文化和交友圈所处的文化背景共同组成。华裔学生的家庭一般属于单一的海外华人所组成的社区文化，或是多元化移民组成的社区文化；交友圈的组成也分为以华人为主，和以非华人为主两大类。不同的社区文化和交友圈文化背景对华裔学生对母族文化的兴趣和自主追求度有着不同的影响。处在海外华人社区文化或是交友圈背景中的学生,国家民族意识和地缘观念相对较强,特别是在成熟的华人社会,由于中华传统文化的传承比较完整,学生对传统节庆、伦理纲常、社交礼仪等文化内容理解深刻,而且由于交友圈以华人为主,对华人身份的认同感在相互交往中彼此促进;相反,在多元化社区文化和交友圈背景中的华裔学生,在对于华人身份的认同过程要相对困难一些。这就要求在文化教学的过程中,不仅要考虑学生们的来源成分,更要考虑他们目前生活所处的具体群体文化背景,从而选择合适的文化内容,并根据学生具体情况决定是否进行文化信息含义的扩展。例如"长城"一词,对于母族文化认同感低的学生,主要注重于介绍长城的形貌特征、历史由来等客观信息内容,达到掌握这一个词,产生客观事物概念的目的;对于母族文化认同感高的学生,则可以引申出长城在中华文化中的象征性意义、历史地位,以及象征中华民族勤劳智慧的价值观念和祖国统一的悠久传统等深层文化含义,以此体现文化教学内容"度"和"量"的掌握。

3.学生所在国的社会背景

由于各国在历史和现实中的文化包容度和开放性存在差异,对待华文教育的政策和态度也各有不同,因此在进行文化教学时,需要充分考虑所在国的政治和文化环境。以东南亚地区为例,大致存在三种华文教育政策类型。一是以新加坡为代表的多元种族与多元文化政策。华语属于新加坡官方语言之一,政府对于东方文化价值观比较推崇,力图在新加坡创造中西文化交汇融合的文化氛围。二是以马来西亚为代表的包容政策。马来西亚允许以华文作为教学媒介语,对华文教育的政策相对宽松。三是以泰国、印尼等大多数东南亚国家为代表的同化政策，其中又有温和同化和激进同化之分。

不同国家和地区的华文教育政策实际上也从一个侧面反映出不同社会的文化类型。我们在选择文化教学内容时要根据具体的社会情况具体分析。例如在新加坡、马来西亚等华族文化保留较完整、文化类型多元化的地区，可以凸显中华文化的独特性，宏观方面如思维方式、道德观念，微观方面如审美观、饮食文化等，以提升学生对于母族文化的独立性感知认识。而在泰国、印尼等地，由于华裔学生从小被当地主流文化所同化，因此在进行文化教学时可以从一些东方文化的普遍价值观和相通内容着手，如对佛教的信仰、重视血缘关系、尊敬长辈等共同的社会和家庭观念。

三 静态与动态结合的原则

静态与动态结合的原则体现在文化教学的教学内容和对于教学顺序的调整及选择上，它在内反映在学生的学习动机、学习进度上，在外则表现为时事动态在文化教学内容上的反映。

（一）静态和动态的学习动机

要实现“以学生为中心”的华文教学，要求教师能够根据学生的学习动机选择适当的文化教学内容。从学习动机上来看，非华裔学生学习中华文化的动机主要是为了克服文化差异带来的交际障碍，而华裔学生与之不同，他们对于文化的学习动机更加强烈，带有追求华人身份印证的渴望和追本溯源的内在诉求，并且肩负父辈和所在华人社会对其学习和传承中华文化的期望。这个学习动机是集体性的，相对静止的，由始至终对华裔学生的学习产生着作用。

除了华裔学生集体呈现的文化学习动机之外，个人不同的情况，如定着化程度、职业期望，以及班集体呈现的总体定着化倾向也会影响个人和班级的学习进程以及学习热情的持续程度。例如一个班级多数学生希望将来留在所在国升学就业，即呈现出现地定着化程度高的情况时，学生学习汉语的持工具性动机往往大于持综合性动机。这些学习动机是个人的，动态性的，随着华文教学过程的不断深入而产生、形成、调整或者是中止。因此，在进行文化教学时，要综合考虑学习者的静态和动态的学习动机，具体选择能够体现、促进学生学习动机进一步作用的教学内容。我们不能强求具有不同学习动机的学生都接受同量同质的文化内容，因此要在教学内容的深度和广度上作出调整。

（二）根据学生学习动态调整文化教学内容和顺序

学习动态包括学生语言学习的进度，学生在文化教学过程中的认同程度等。根据学生的学习动态和学习反馈，及时调整文化教学的内容和进度，灵活处理教学顺序，才能保证“学生中心”的教学效果，达到教学目的。

在进行汉语初级阶段的教学时，由于学生的汉语水平还不高，不宜将文化教学与语言教学分开，可以利用语言中的文化因素将文化教学与语言教学融合在一起。教师可以利用举例句、语言训练等机会将一些地理、历史、民俗等学生接触或是听闻较多的、具有广泛认知性的文化信息传递出去，这其中需要教师提高文化渗透意识和具备良好的文化导向。如在给“旅游”造句时，用“今年夏天，我去北京旅游”和“今年夏天，我去美国旅游”，文化导向就完全不一样。如果能够合理利用这些教学步骤进行文化导入，不仅能够帮助学生跨过汉语入门的门槛，而且也能潜移默化地给学生留下关于祖国和中华文化的初步、具体的概念和印象。

在初级向中高级教学阶段过渡时，随着学生汉语水平的提高，文化教学内容也要从以交际文化和背景文化为主，循序渐进地过渡到以知识性文化为主。交际文化和背景文化主要是辅助初级汉语水平学生学习汉语，掌握这一语言工具，而知识性文化，则是将教学重心从语言转移到文化上来。

同时，要注意文化教学过程中学生的学习反馈，及时了解学生对于教学内容的接受程度和认同程度，对于调整教学思路很有帮助。由于所在国文化与中华文化之间的差别不同，因此不同地区的华文学生对于文化教学内容难易程度会有不同的认识，这就需要教师及时观察，根据学习情况适当地调整文化教学的顺序，先同后异，先易后难，以鼓励激发学生对祖国文化进一步了解和学习。

（三）根据时事动态调整文化教学内容和顺序

文化教学的内容可以根据时事动态适时调整，不一定要照本宣科。比如遇上中华传统时节，如清明节、中秋节、重阳节等，可以先将这些教学内容提前，让学生能够身临其境地了解、感受或是亲身观察这些传统习俗和文化，这样学习印象和学习效果会更好。同时，适时利用时事动态，如韩国抢先申请端午节为世界文化遗产，可借此介绍端午节的产生和历史由来；再如像北京奥运、上海世博会、广州亚运会的举行，可借此机会介绍各大城市的风土人情，同样能够在无形中激发学生的爱国热情和民族自豪感，而且现实感更强。

四　整体和局部结合的原则

“以学生为中心”的实现，体现在文化教学内容上，不仅仅要体现出传统中华文化的特色，也要关注到外围文化，即所在国文化以及全球大文化气候，注重文化整体和局部的处理原则和技巧，使学生在进行华文学习的过程中，不仅仅是了解、接受中华文化，同时能够将中华文化与所在国文化，与世界的普世文化相结合，从而培养其独立的文化人格。

（一）对文化差异的处理

跨文化教学中，对于文化差异的处理存在着不同作法。要实现“学生中心”的教学，就要求教师在文化教学中理解学生的立场和角度，注重加强双方文化的联通，在突出相同之处的同时，对于文化差异只需要突出两者的不同之处，让学生能够在学习和交际中增强跨文化的意识，能够自觉地排除文化差异的干扰，从而达到彼此理解、适应，而不必硬性推销中华文化，或是在处理文化差异时，带有太强的感情色彩，试图让学生摆脱原有的文化固着。同时，由于华裔学生的背景不同，对于中华文化的认同度并不一致，有的学生对于中华传统文化持怀疑观点，在接触到落后的文化现象时会增加对中华文化的负面印象；而有的学生则相反，过分依附中华文化而产生文化依附矛盾甚至背离所在国文化。对于这些极端现象，教师应通过与学生的沟通，及时发现问题，引导学生辩证地看待每一种文化，并且将中国传统文化和现代中国社会有机地联系起来，而不是脱离现实地单纯讲授传统文化知识。

(二)顺应国际化、全球化趋势整合文化教学内容

全球化是当今国际发展的主流趋势,全球化不仅涉及经济领域,同时也极大地影响着语言和文化的传播。如何利用全球化这一契机,主动将优秀的中华文化传播出去,传承下去,是我们目前面临的重要课题。具体到文化教学上,要求我们具备国际化眼光,全面审视中华文化,对文化教学内容进行有效整合:在保留文化中的精华的同时与时俱进,注重文化传承的时代性,结合中国的现实国情,不断补充和丰富中华文化;同时根据当地学生的生活特点,结合当地文化,突出具有普世价值的文化内容的输出,如诚信、孝顺、清廉等美德,以及对人与自然、人与社会的和谐共处的重视等。

应该指出,文化教学内容的整合必须体现目前华人世界所面对的民族性、传统性和现代性之间的平衡,以更好地整合中西方的优秀文化和价值观,并且为华文教学在全球化所提供的广阔文化平台上获得进一步的发展打下坚实基础,从而推动华文教育在世界的推广。

五 结语

"以学生为中心"教学原则的提出由来已久,但是在对外汉语和华文教育的实践中仍然很难得到具体的实现。归其原因,是教师不知道如何从学生着手教学,而不是从教材着手教学。笔者从文化教学的角度提出了三个原则以及六个角度,即内、外,动、静,整体和局部,这几方面不是孤立分散的,而是有机地联合在一起,尤其是内、外信息结合,是统领"学生中心"实现的上位原则。"以学生为中心",说到底要求教师备课时将更多的

精力放在学生身上，如学生的学习背景、认知能力、学习目的，而不是纠结于教学方法和教材的选择。我们可以看到，海外华文教育有一些相当成功的经验，他们由于教材的缺乏和陈旧而根据学生特点自编教材，教学效果也很不错，这很能说明问题。同时，文化教学，特别是知识文化的教学，不一定要紧扣教材，可以根据不同地区华裔学生的具体情况灵活安排。文化教学的目的是让华裔学生更多地认识当代中国的面貌，激发他们对于祖国的认同感，因此，需要更加提倡、注重学生在教学中的中心地位。

第五节 文化教学的内容

壹 内容的独特性[①]

学术界一般认为，文化可以分为观念文化、制度文化、精神文化和物质文化。从语言教学的角度，我们把文化分为三类：(1)观念文化；(2)交际文化；(3)知识文化。

观念文化是一种内在文化，是中华文化的精髓，也是华人的“根文化”。它是中华民族在自己形成和发展过程中形成的认识世界并处理人与自然、人与社会、人与人等关系的方式和理念。内在文化使得中华民族表现出自己独特的智慧、坚强、勤劳和精神世界。

---

① 本部分选自郭熙《论海外华文教学的性质和地位》，《华语研究录》，商务印书馆2012年版。

交际文化可以看做是一种外在文化，它主要体现在言语行为上，主要是讲授交际活动中的文化差异。讲授交际文化是为了减少交际中的“误读”，例如，汉语中的“哪里哪里”和“你吃过了吗”之类。

知识文化，是关于异文化的知识，也是外在的，它包括物质文化和一些非物质文化（如作为制度文化的婚丧嫁娶文化，像喜庆用红色、丧事用白色之类，再如中国的舞蹈、戏剧、武术、剪纸等）。

显然，汉语教学对文化的关注更多的是外在文化。如交际文化，它更多地体现在行为文化方面。行为文化常常比较具体，容易入手，也容易收到实际效果。而华文教学中的文化教学除了交际文化和知识文化外，还要非常重视内在文化——中华文化的“精神”，寻文化之根。华侨华人守望故土文化，时刻关注故土的变化。因此，在教学内容上如何体现中华文化，应该和汉语教学有所区分。

根据这些认识，我们可以用下表来说明：

华文教学中的“文化”和汉语教学中的“文化”

“文化”概念 \ 学习者		华侨	华人	非华人学习者
内在文化	观念文化	+	+	−
外在文化	交际文化	+	+	+
	知识文化	+	+	+

区分两种文化教学，在我们看来是非常有意义的。它给华文教学提出了新的要求和任务，也给华文教育领域的科学研究带来了新的拓展空间。华文教学需要与之相应的大纲、教材、考

试和评估模式。由于学习者在年龄、语言背景等方面存在差异，在制订华文教学文化大纲时需要考虑不同层次。例如，在马来西亚、菲律宾等地，华文教学从小学甚至幼儿园就开始了，如果对这些学习者进行系统的中华文化教学，需要考虑到他们的语言能力、认知水平以及心理接受程度等。这需要大量的研究工作。从外到内，由表及里，由浅入深，这一基本的理念同样适合于文化教学。现在的主要问题是，我们需要和语法教学大纲一样，梳理文化点，包括内在文化和外在文化。

贰 内容的侧重点①

一 *教学对象文化背景的比较*

随着“汉语热”在全球范围内兴起，学习汉语的人遍及世界各地，他们为了外交、贸易、旅游、教学或以汉语为工具进一步深造等目的，学习汉语，研究中国。为了了解中国，他们都将不同程度地接触到中国文化。但是华裔青年与纯粹的外国人对待中华文化的态度是不尽相同的。主要表现在：

(一) 学习目的与动力不同

海外华侨华人为了能融入主流社会，必须学习与使用其居住国的语言，吸收与融合当地文化，但这并不意味着他们丧失了本民族的传统，他们甚至希望民族文化成为当地多元文化的一个组成部分。为了不使后代成为无根的浮萍，他们进行着不懈

---

① 本部分选自金宁《关于华裔学生文化教学的若干探讨》，《华侨大学学报》1994年第3期。

努力。许多侨居海外的华人都在自己的家里保留着中国的习俗,正是这一个个中国节日,一道道中国菜,一幅幅中国国画维系着他们与祖国文化的亲情。家长们千方百计把孩子送到华校,目的就是让后代接触中国文化,保留中华民族的传统和美德。

海外华侨华人曾经历尽沧桑,尽管他们的周围充斥着外来物质文化、外来制度、外来宗教,但他们仍在弘扬民族精神,而这种民族精神的内涵正是中国传统文化所提倡的勤劳俭朴、艰苦创业、自强不息、团结互助、遵守纪律。以这种传统文化为凝聚力、为核心的炎黄子孙从来不曾忘记自己的社会责任感,不曾忘记自己祖籍国的根脉。

在西方伦理、道德观念发生危机之今日,青年一代中吸毒、犯罪、暴力、性放纵等现象日趋严重,海外华人忧虑其子女的身心健康,希望寻找一副药方,增强他们的自我约束力,因而把关注的目光投向了中国的传统文化。

海外华人文学家李文把一些华裔青年和海外华文学校比喻为“香蕉”,其寓意是外黄内白,人虽然是黄皮肤,但思想已经全盘接受了西方文化,学校虽然教中文,但其考试形式与教学方法也完全西化了。

菲律宾侨中学院院长颜长城先生说:“华文学校不应该试图把孩子教成中国人,应把孩子培养成有中国人气质的华裔。”

由此,不难看出华裔学生较非华裔学生在接受中国文化上有更巨大的动力和迫切性。纯粹的外国人学习中国文化,主要是为了克服不同文化差异所引起的交际障碍,而华裔学生对中国文化有着强烈的认同感,他们学习中国文化除了达到交际的目的之外，还有继承和发扬中华传统美德之意义。这种学习中国文化的需求不仅来自华裔青年本人，还来自他们的父辈和华侨社会。

（二）学生起点与悟性不同

人是社会的人，每个人文化背景的形成都是与其家庭、学校和所处环境等社会因素分不开的。一些国家，华侨人口较多，居住的地方也相对集中，华侨子女与华侨社会有着千丝万缕的联系，他们有华校或华文补习班，也接受过一些汉语言和汉文化教育，在他们身上不同程度地存在着单语双文化或双语双文化现象。部分华侨学生虽然不会讲普通话，但或多或少地懂一些汉语方言，例如祖籍广东的华侨子弟能够听说粤方言，祖籍福建的华侨子弟能够听说闽方言。这对他们学习汉语普通话的词汇、造句、语法大有裨益。他们虽然不能熟练地书写与阅读汉语，但会写自己的名字及一些简单的汉字，这有助于他们了解汉字的构造。即便是完全零起点的学生，由于父辈的教育与影响，家庭的熏陶与濡染，对一些汉语的文化背景和汉语交际中的文化因素并非完全陌生，因此他们在学习汉语时往往悟性较高，进步较快。而纯粹的外国人从拼音文字转向方块字，感觉如同画画一样困难，在语音、语调、词汇、语法诸方面与其母语都有很大区别，特别是隐含在语言中的文化内涵更是汉语学习的最大障碍。两相比较，在相同的学习期限内，一般来说，华裔学生较非华裔学生更学有余力。

二 华裔学生文化教学内容的构思

一个民族的维系，其重要的条件之一就是该民族的文化心理认同。中华文化不仅属于大陆人民，同时也属于侨居在世界各地的三千多万海外华侨。因此华裔学生的文化教学应以培养他们的文化认同感为出发点来进行设计与框架。我们要站在纵贯上下五千年，横通当代新文化的角度，为华裔学生的文化教学拓展一个新的领域。

一，文化按其功能来讲，可分为交际文化和知识文化。如何界定交际文化与知识文化，赵贤洲先生在《文化差异与文化导入论略》一文中做过概括性阐述，他说："所谓知识文化，主要指非语言标志的，对两种不同文化背景的人进行交际时不直接产生严重影响的文化知识。……所谓交际文化，主要指两种文化的人进行交际时直接发生影响的言语中所蕴含的文化信息，即词、句、段中有语言轨迹的文化知识。"

交际是一个传递信息的过程，每种语言在交际过程中均有其一定的内涵，而这种内涵又是受制于这种语言的文化因素。如果交际双方同属一种文化系统，其交际过程一般很少受到文化因素的干扰；反之，如果交际双方处于不同文化系统，其交际过程往往会遇到文化障碍。

华裔学生，特别是东南亚地区的华裔学生，他们的语言及文化状况较为复杂，往往保留了一些祖籍国的文化传统，因此在与使用汉语的人进行交际时，文化因素的干扰较少。拿我们教过的华裔学生与外国学生比较，就是这样。特别是来自菲律宾、泰国、印尼、马来西亚等国家的华裔学生，在待人接物的态度上与我们颇为相似。而纯粹的外国人初学汉语时，在交际方面的误区较广，在与中国人的日常交往中，如称呼、问候、恭维、忌讳等方面都有不同的表达方式，如果仅用母语的交往模式套用汉语的交往模式,常常会出现交际用语失误。

一般来讲,在对外汉语教学的文化导入问题上,我们更侧重交际文化的导入。但根据华裔学生自身条件及学习目的,考虑到其交际障碍相对较少,文化需求更为迫切,因此在对他们的文化教学中知识文化的比重应有所加大,以拓宽其文化的广度。

二,文化按其内容来分,又可分为三个类别:物质文化是指与日常生活关系最密切的饮食、居住、交往等文化现象,它是通过人们制作的各种实物表现出来的,如食文化、酒文化、茶文化等。制度、习俗文化是指在物质文化基础上产生的制度、礼仪、习俗、教育、经济等,它是通过人们共同遵守的社会规范和行为准则表现出来的。精神文化是指人的价值观、伦理观、道德观、审美观、思维心理及哲学、文学、宗教、艺术等,它是通过人们的思维活动表现出来的。上述三类文化内容分布在三个层面上,物质文化是第一个层面,制度、习俗在第二个层面上,心理观念则属于最深的层面。语言教学的初级阶段往往涉及物质文化的内容较多,而中高级阶段的语言教学循序渐进,逐渐融入深层次的文化内容。以往的对外汉语教学中对精神观念文化重视不够,它是帮助学生了解中国深层文化与文化心理结构所必不可少的,特别是培养华裔学生的民族心理与民族性格所不可缺少的。今后要加强精神观念文化的教学,提高其文化的深度。

三,文化按其时间来分,可分为传统文化与现代文化,也就是说以纵为线索的“历时”文化和以横为断面的“共时”文化。“中国传统文化是建立在小农经济基础上的文化,是以封建宗法关系为中轴的文化。这种文化的基础与社会主义文化的基础是不可同日而语的。”①社会主义文化是以马列主义科学理论为核心的，是在继承与发展传统文化的基础上所形成的一种适应社会主义社会形态的崭新文化。中国传统文化是随着历史时代的推移而不断地扬其精华，除其糟粕，并融合、兼蓄外来文化，才升华成今日之中华优秀文化的。一代人自有一代人的经历，一代人自有一代人的文化，没有现代中国的文化，就没有中国的现代化。我认为对外汉语教学万不可忽视对“共时”文化的教学。几乎所有留学生的兴趣热点都集中在带有时代风貌的当代活生生的文化现象上。他们关注着现行的政治、经济、贸易、外交、教育及民族、宗教、人口的各项政策。华裔学生曾经从他们的父辈那里了解祖国的过去，他们更希望了解祖国的现在，了解改革开放的中国国情。而他们的父辈也希望从来祖国学习的子女那里了解祖国的巨大变化。这将对争取海外华人的工作起到不可估量的作用。

然而，目前的中高级汉语教材中传统文化的因素所占比重较大，历史题材、名人名篇居多。统计北京语言文化大学编写的《中级汉语教程》课本，上下册共有正副课文 132 篇，其中涉及历史人物、古典小说、神话传说、成语典故、文物古迹、文人逸事、民俗风情等传统文化内容的课文有 41 篇，占全部课文的 31%。《高级汉语教程》上中下三册共有正副课文 56 篇，其中古典小说、历史人物、文物古迹、民俗风情等课文有 7 篇。余下名家名篇也有 16 篇涉及传统文化内容，同时还增加了文化知识介绍，

① 杨国章《运用正确的文化观点科学对待传统文化》，《中高级对外汉语教学论文选》，国家对外汉语教学领导小组办公室教学业务部编，北京语言大学出版社，1991 年版。

其介绍面很广，上至科举制度、文化心理，下至婚俗丧礼、社交称谓，旁及名胜古迹、琴棋书画等，以传统文化内容为多，当代“共时”文化内容的分量仍显单薄。有关当代国情、现行政策、当代中国人的心态等内容体现得不够。这一方面不利于学生运用现代汉语进行交际，另一方面也不利于学生了解深层次的文化现象。因此有必要加强“共时”文化教学，增强其文化力度。

叁 内容的层次性①

在华教中建立中华文化教学体系是从文化教学的角度去认知华教中的文化特性，它可以分为四个层次。每个层次形成任务明确的多维空间教学模式与环节。通过中华文化教学，让华人及其子女得以继承弘扬中华文化的优良传统，并与所在国的人民共同建设一个有活力的多元文化社会。

一 *启蒙层次*

华教小学是少年儿童学习中华文化的启蒙阶段，或称为“蒙学”。这里的蒙学不是古代读《千字文》《三字经》的蒙学，而是学生在学习华语及其课文中，教师有意识地推及某些浅显的文化常识，启发兴趣。

相当多的国家华教幼儿园，已经让儿童初步掌握汉字笔画，学写汉字，认读少量词语，掌握一些句型，甚至背诵浅显的古代诗歌、寓言和历史故事。进入华文小学，听、说、读、写训练贯穿

---

① 本部分选自方明《在华教中拓展中华文化教学可行性探讨》，《对外汉语教学论文集》，厦门大学出版社 2003 年版。

始终，学生开始掌握汉字的笔顺和结构，初步理解华文、华语和汉字的关系。因此，小学阶段传授文化常识在于讲授语音、词义、语法、文字等语言知识，通过训练听、说、读、写等技能，挖掘语言形式的文化含义，或者从语言的交际训练看文化现象，或者介绍词语的文化背景，从而透视出中华民族的文化心态和思维方式。这是华语的特性，也是华语与文化存在着胶合性所决定的。

根据小学年龄段的儿童心理、智力特征以及华语基础传授中华文化常识，应主要把握以下三个环节。

一，根据不同年龄段，不同课型的不同教学要求，在讲授语言单位时，把蕴含在词语中的文化，通俗又生动地向学生讲解。

华语中意义相互排斥的词称反义词。它鲜明地揭示事物的对立关系，取得对比和映衬的修辞效果。如“阳”与“阴”，这对反义词构成的新词有：阳电—阴电、阳间—阴间、阳性—阴性、阳光—阴暗、太阳—太阴(月亮)……许多双音节反义词，为什么都以“阳”与“阴”为基本词汇？原来古代先哲们把自然界和人类社会的复杂现象抽象出“阳”与“阴”两个基本范畴。这一观念萌发于夏商。先民观天象和气候，把一年四节的更替、自然界的反常和灾异，都看成是阴阳消长或失调所引起的。这一观念上升到探索事物对立统一规律，便产生了中国古代朴素的辨证法。我们华语教学能够把抽象的道理形象地讲清，并推及“天与地”、“白天与黑夜”、“坚强与柔弱”等反义词，就会让学生举一反三地得到启发。

“亲属”属于基本词汇，它是华族青少年比较熟悉的词语。中国传统社会的亲属关系构筑起复杂的网络。从人群最小单位的家，到家放大的族与宗，上下有“九族”，旁亲有堂从，姻亲有姑姨舅妗，表兄弟姊妹。宗亲扩大及乡，由乡扩及邦国，出现了家乡，乡亲，本家，老家，国家。与家有关的，皇帝称天子，县官称父母官；四海之内皆兄弟，还有老表，老兄，结拜兄弟等与亲属有关联的称谓词。这就是中国传统社会以血缘宗法家庭为纽带的家族观念、乡情观念及其形成的上下、亲亲、乡党关系衍生出来的亲属词语，体现了以家为代表的亲亲原则。它对民族的亲和感和认同感起着凝聚作用；但也含有消极成分，容易出现裙带之风、地方性小圈子、同乡帮派，以及对圈外人的陌生感、疏离感。小学生如果能理解这些表达亲属称谓的一般常用词语及其文化背景，有助于培养他们团结进步、互相友爱的精神是有帮助的，也会对小团体意识的流弊起着预防作用。

类似词语比比皆是。只要善于穷原竟委，学生就会在老师的阐释下，悟出华语奥秘的因由。

二，把握表意汉字的形—音—义于一体的“衍形”特点，让学生感受到字形反映着社会实际生活和制度。

从某种意义上讲，一部中华文字史就是一部中华文化史。“六书”表形、表音、表意造字法的递进程序；文字形体的变化，从甲骨文到草书，尽管笔画、笔势有差异，但文字的表意体制并未改变。这样，从文字揭示出丰富的文化底蕴，让学生洞察汉字的知识韵味和生活哲理，就很有意义。

汉字是汉语的符号，它用点线笔画表示符号的不同。学生在认识字义过程中，可看出“词根”所具有的意义。一个汉字由本义引申、比喻、借代，意思就不同了。如“取”字，古代战争杀敌得胜后，割下战俘的左耳去报功叫“献馘”，以后的常用义已不是取“耳”了,而是“取”一切东西。再如“要”是“腰”的本义,这个部位重要;“要领”指腰部与脖子都是致命要害的地方,后来这个字表示“重要”,音也变了。古人说“察而见意”。详细观察字形笔画,可以懂得它的含意。如“寸”,是腕下加一点,中医诊脉“寸、关、尺”的寸,就是腕下血脉的“寸口”,后来用于长度名,相当于“寸口”到腕之间的长度。再如引申义的“次”,本义为不精,次品不能居首位,引申为次序、次第。比喻义的“笑”,本义为竹因风吹而体态动摇,比喻人笑。

至于字的形体的创造和演变,还可以让学生在初懂汉字的特殊结构时,认识汉语书写符号内在文化含义和文化背景。

三,把握华语具有独特的思维方式,类比外推,开展教学。

中华传统文化中的概念分类往往不那么严密,概念也往往是多义的、非确定的。如“东”与“西”,属单音节方位词。“东”指东边、东方、城东。当它与“房、股、家”合拼,则成了主人。这是从古代主位在东、宾位在西引申而来;如果“东”与“西”合拼,又泛指具体的或者抽象的事;要是骂“他不是东西”,则带有厌恶感情。而“东风压倒西风”从《红楼梦》脱胎后,就成了政治意味浓烈的特殊词语。

又如“门”,指房屋、车船出入口。古代指世家大族,官宦显贵居住的深宅大院的出入处,能通车马的大门。有的指“名门望族”,“朱门酒肉臭”的“朱门”即贵族显贵的代称。“将门”、“相门”就是将相的门庭。等级不同称“门第”,有“高门”、“寒门”的区别,老百姓不能用“门”,只能用“户”。如今“门”又指事物的分类,“分门别类”。一个词语在不同的位置,与不同的词搭配,可以表达全然不同的意思。这一华语特征就是中华民族思维方式——类比外推的反映。

华语另一种类比是比喻、象征。古代“观物比德”，属深层意蕴的类比推理范畴思维方式。比有取象和取义之分，都作为喻志手段。例如“树”是自然产物，当它被文人志士写入诗文中，则变成重要审美对象，寄托情志的载体，把树意象化，蕴含着多层的象征意味。孔子：“风寒，后知松柏之后凋矣。”竹的高洁，梅的耐寒，白杨的高傲挺拔等等，都是主观化的动作，让人们联想气节之类的美好情操。

总之，小学华语教学传授中华文化常识，在训练听、说、读、写能力的教学属性过程中，把华语、汉字的多义性、意会性特点讲明白，就会突出某些文化现象。至于成语、俗语、典故、禁忌语、委婉语以及课文分析，都可以在教学中横向联系，纵向追寻，吸引学生体味字、词、句的文化真谛。

二　初级层次

华教中等教育阶段，属于学习中华文化的初级层次。东南亚一些国家华文中等教学，已注意到或重视到中华文化在教学中的地位，概括起来有以下三种教学模式：

一，教学明确规定传授中华文化的任务，教材注意灌输优良的文化传统。马来西亚《华文独中华文课程纲要》提出：“通过这门课程的学习，学生应能了解华族文化的渊源和传统，能够理解和欣赏古典和现代的华文文学作品，从而培养健康高尚的审美情操，培养和友族和睦相处，建设祖国的美好情感。”文学是文化的一面镜子，优秀的中华古今文学透过形象的行为、言论、情感，可以直接捕捉中华民族的民族意识和历史足迹。那些性情与道德合一，文学与人格合一，描写人生、描写社会的文学，都具有浓厚的人文气息与深刻的道德规范教化作用。我们从马来西亚《华文》为中四、中五所编写的文质兼优的课文中，可以看出该教材实践了《纲要》的。两册选文共60篇。其中，以白话文为主，兼顾古代名篇。体裁有小说、散文、诗歌、戏剧、议论；题材广泛，历史人物和事件、世俗生活、悠闲情趣、自然风光、社会人生等。内容涉及揭示历史上战争带来的不幸；歌颂自然，讴歌人生；称赞为人类造福的技艺工匠；讽刺封建官僚；劝人行好，与人为善；说明物质与精神诸多现象的道理；呼吁少年关心人生价值，激发人们奋发有为等。从文化论范畴看，教材注重弘扬优良的道德文化，宣扬身心整洁、心地善良、合作诚实的精神境界；提倡自强勤勉、勇敢奋进以及热爱国家的国民意识，重视学生知与行的知识观教育。

马来西亚《华文》教材每课练习后面，附有古代"名句精华"及其诠释。这些名句堪称人生哲理格言。诠释中包含丰富的文学、训诂、音韵、语法、文体等知识。

二，开设专题性文化课。不同国家和地区根据自己的环境和条件，以及学生接受程度，确定继承和发扬中华文化的某些侧面，提高学生对华族文化的"根"的认识，开设不同类型的文化课是切实可行的。新加坡《儒家伦理》课、香港《中国文化常识》都属于这一类型。

新加坡编写并开设《儒家伦理》课，共两册，34课，作为中三、中四选读课程。该课程目的是把儒家伦理道德观念传授给学生，培养学生成为有理想、有道德修养的人。认识华族的文化根源，树立正确的人生观，在学生中建立良好的人际关系。该教材以两千年来的儒家伦理观念的演变历史线索为经，以人物言行、历史事件阐发某些道理为纬，突出儒家的道德行为准则，弘扬了中华思想文化的一些精华，对新加坡华族少年将会起积极作用。考虑到学生的可接受性，该教材立足于现实，立足于国家，把许多难懂的古文、深奥的哲理，用通俗的语言、生动的插图、具体的例子，形象地讲解并交代每一课的要点，摘录每一课的名句，解释难懂的词语，提出让学生思考的讨论题。该教材同时编写英文本。学生选读这门课程时，可以自由选择华文或英文本。

儒家伦理是儒家思想的重要组成部分，是儒家文化的价值系统核心，它向外衍射、影响并扩及所有的价值活动。其中仁爱、孝、重义轻利、德治学说、名教教化等，《儒家伦理》教材都加以通俗化、现实化，既有历史的眼光，又有现实的观照。我们相信，经过各国华文教师的努力，类似专题性文化课将会出现在其他国家和地区的华教实践中。

香港《中华文化常识》是另一类教学体系，它着眼于让学生获得较为广泛的文化常识。教材分社会生活、宗教、艺术、科技、文学、新文学、学术思想等七部分。就内容看，该教材注意中华文化常识的方方面面，知识介绍简明扼要，又能扩展学生的视野，易于认同，产生兴趣。该教材文化知识包容性强，以尽量多的信息量为基调，有其独特的结构体系，适合青少年学习。这一教材已经在东南亚一些国家使用。

三，组织学生参加课外文化活动，让学生在学校或社会群体中接受中华文化熏陶。华教中中华文化课外活动有两层意思：一是开设中华文化课，又有相配套的课外活动使课内课外相协调，提高教学质量；二是开设除华语之外的亚文化课，以便增进学生的知识，使他们的兴趣和才能得到发展，并陶冶道德情操，丰富文化生活。目前，各地行之有效的活动有：(1)鉴赏类。举办各种文化讲座，表演示范，如文学创作、文化精品介绍以及书法、中国画、中国民族音乐的欣赏。(2)世俗活动类。学生通过家庭或学校参与社会社团的活动，利用华族民间信仰、传统节日等加入到民俗文化活动中，参加宗亲会、同乡会等举办的集会，这些都会增进青少年中华民族认同意识。(3)技能类。让学生直接参与各种文化技能的训练，如出版刊物，编印自己的文艺习作，举办古诗词朗诵会、相声表演、戏曲表演、武术表演、歌舞表演，以及工艺品的制作等，都可以发挥中华文化活动多功能的作用。

中学阶段的文化教学应把握几个环节：(1)把握华族青少年的心理、智力特征，以丰富的中华文化教学内容，融美育、德育、智育于一体。中学生正处于求知欲强、文化感敏锐时期，他们需要扩大眼界，增长才干。因此，开设中华各种亚文化课或举办各种文化活动，应以提高学生文化素质、开发智能为目的；帮助学生学习优良的文化观念，初步了解中华文化知识，增强民族文化“根”的意识。(2)要依据整体教学规划和计划的原则，确定中华文化在华教中的地位和作用。脱离国情、校情的实际，任意扩大或削弱其地位和作用，都不会收到良好的效果。华文是亚文化的一种，或者说是中华文化的一个分支，它不能代替中华文化体系的多样性。有的华教把中国历史作为了解中华文化的入门内容，并介绍历史上若干文化知识，也是可行的。(3)教学上要以普及文化常识为主，选择有实用价值、观赏性强、技能性强的文化现象入手，引起学生的兴趣。

三 中级层次

华教大学本科、专科或中华文化专业培训，均属中级层次。目前，世界各国高等学校中设置与中华文化有关专业的科系不尽相同。分别在中文系、历史系、文化人类学系、文化系、社会学系、艺术系、哲学系等科系下开设文化（或称汉学）专业或课程。主要任务是通过开设系列课程，帮助学生系统地学习和掌握中华文化理论、知识和历史，培养适应面广又有独立思考能力和调查某种文化现象能力的华侨华人及其子女。据各校经验可以归纳为三种模式：

一，学科设置较完整的本科。新加坡国立大学中文系汉学专业属于这一类型。他们开设课程可分为三类：一是汉语类课程，有中国语法学、中国语音学、中国词汇学、中国文字学、汉语语音分析与语音学、中国修辞学；二是文学类，有中国文学概论、中国现代文学、中国散文选读、选读与习作、中国文学史、中国戏剧、新马华文文学、翻译；三是哲学类，有汉学导论、专书、中国通史、中国哲学史、东南亚华人史。除此之外，尚有选修和专题课程。该专业有以下几个特点：一是学生掌握比较扎实的中国文史哲基础理论和知识，其中尤以中国语言文学为主，兼顾哲史类课程；二是考虑新加坡地处东南亚地区的实际，把当代华人历史和华文文学纳入到本科教学中；三是招收本国华文高中毕业生为主，又适当招收马来西亚学生，授予学士学位。

二，初步建立中国文化学专业方向的大学专科。中国的改革开放引发了世人思考、研究中国文化的兴趣。八十年代末，厦门大学海外教育学院率先在国内创办了对海外招生的中国文化专科。该专科开设中国历史、中国古代文学、中国现代文学、中国民间文艺学、中国民俗学、中国文化概论、文化论、修辞与逻辑、中国医学、古文选读等课程，着重学习各种文化事象的形态、特征、结构、功能和变迁。经考试及格者给予毕业证书，并可直接转入中文本科就读，再选读中国现代文学概观、英汉对比语言学、外国文学、新闻业务、美学、古代汉语等必修和选修课程，最后经论文答辩，授予学士学位。该学院招收具有华文高中程度的华侨华人及其子女、港澳台同胞，也招收外国人。他们教学的特点是：(1)教学上分两大阶段，便于学生根据时间允许与否灵活掌握；(2)招收应届高中生和同等学力的人士；(3)面授与函授相结合；(4)入学容易，毕业按规定严格要求。

三，融汉语与文化为一体的教学。华侨大学招收华侨华人及其子女为主的对外汉语教学，属于进修性质的教学，学制两年或两年半。学生的华文程度因人而异。东南亚国家华裔学生有的能说会看华文，有的只懂英语、会讲某种汉语方言，有的汉语基础从零开始。该校提出教学立足点是培养华裔学生的中华民族认同感，掌握一定的汉语和文化知识。他们的课程分为两大类。一是汉语基础课。对只懂得汉语方言口语的华裔学生开设。有基础汉语、口语、听力、语法、写作、文章选读。二是选修课。第二学年开始，提供中国文化知识、中国文学简史、中国经济改革、中国历史、古典文学、文书写作、名著选读、华侨史、社会调查、中国当代热门话题、中国地理，以及技能性强的书法、中国画、武术、计算机汉字信息处理等课程。他们的教学特点是：(1)注重打好汉语基础，注重让学生了解当代中国的社会变化和特点;(2)重视课程实用价值,建立文化知识和技能并重的教学原则,汉语口语训练、书写公文函电、使用计算机、社会调查能力,都成为教学的要点;(3)打好汉语基础,灵活选读文化课。根据华裔学生掌握华文的程度,确定以打好汉语基础为原则,又考虑华裔学生的爱好以及他们毕业后从事的职业,采用非学制的学分制。

以上是华教中高等教育设置中华文化的三种模式。它给我们以下几点启示:(1)各校都不同程度地向真正意义上的文化范畴靠拢。重视各种文化现象的特征、功能、研究方法等要素的阐发。明确文化学领域各分支之间的关系,这对在华教中建立科学的中华文化理论打下了良好的基础。(2)应该为建立科学的中华文化教学体系而努力。目前,海内外高校开设中华文化课程有两种情况:一是量需而行,考虑海外华裔的现实需要,选择开设若干课程;二是量力而行,根据教师专长和可能开设课程。从学科建设看,这两种现象将来会被学科的完整性所代替,形成教学体系严密、基本课程齐全、可供华族学生选择的教学路子,培养适应面广并能从事与中华文化相关的华文教学、研究、新闻出版、翻译、文秘等工作的人才。(3)海内外高等学校中文系以及相关专业的中华文化专业的招生对象将逐步打破华人与非华人的界限。

华教高校确定中华文化的教学定位坐标,应该认识到:它跟中国普通高校设立中华文化学科的性质是相同的,方向是一致的。然而,它是为海外华人及其子女传授中华文化的,它是在所在国特有的政治、经济及多元文化氛围中建立起来的学科,它具有职业性文化实用功能的价值属性。这样的办学必然学历与非学历并举，基础知识与基本技能并存，掌握文化传播工具与专业知识并存，形成独特的教学形态。

四　高级层次

研究生阶段培养研究中华文化专门人才，属于高级层次。这一层次主要依靠导师与研究生共同确定研究方向，这里就不详细阐述了。

以上剖析了华教各层次展现中华文化教学的可行性。这些教学模式具有一定的规则性，然而，时代不会静止不动，事物总是要发展变化。在海外，通过学校教育及其他途经传播中华文化的事业将日益拓展和深化，也会在实践中创造出许多新的符合当地实际的各种教学模式，以丰富华文教育体系。因此，应该把握时机，面向21世纪，提升中华文化在华教中的地位，确立中华文化教学的总体规划，掌握可接受性、实用性、科学性的原则，确定不同层次、不同课型的教学要求和方法，让华族青少年充分地领略中华文化的真谛，充分利用学校教育传递文化信息所具有的良好条件，营造出令人身心愉悦的文化氛围。

第二章

中华文化在海外

第一节　海外华人文化[①]

海外华人文化是一个大的课题，且各国的华人文化又各有其特色。在海外3000万华侨华人中有90%是在东南亚，东南亚华人与北美华人形成了差异明显的两大群体。东南亚华人文化也有其特色。一般认为，第二次世界大战是从华侨到华人变化的一个分水岭，华侨国籍身份(政治认同)的转变，引发了一系列全面而深刻的变化，其变化的核心是向当地化价值体系的认同。尽管在东南亚诸国，华侨华人认同转变的进程不尽一致，但是到了20世纪80年代，他们的政治认同转向已基本完成，诸如经济上与主体社会的密不可分，文化上的从传统中国型到现实当地化，心态上的从“落叶归根”到“落地生根”，种族上与其他民族的日益接近与和谐，等等。

一　华人文化的发展趋势

什么是“华人文化”呢？从主体上看，“华人文化”就是华人所具有的文化形态。众所周知，“文化”的定义有广义与狭义之

---

① 本节选自谭天星《东南亚华人文化发展大趋势及其思考》，《中华文化研究》1995年春之卷，总第7期。

分。广义的文化涵盖着人类文明的各个方面，而狭义的文化主要是指人类精神文明与物质文明及其表现形式，它包括哲学、宗教、文学、艺术和民俗等许多方面。我们所指的华人文化就是指这种狭义上的文化。从历史来看，华人文化是从华侨文化演变而来的。华侨文化作为一种侨民文化基本上属于中华传统文化在海外的一个移植或延伸；而华人文化则是变化了的中华文化。随着二战后东南亚华人政治认同的逐渐完成，华侨文化也过渡到华人文化。政治归属的改变，即从效忠中国到效忠居住国的改变，使得传统的侨民文化失去了存在的肥沃土壤。更重要的是，当地政府不允许以效忠中国为宗旨的文化移植与传播。印度尼西亚采取了强迫同化的政策，试图通过取缔华文报刊、华文学校和华人社团来消灭华人文化，让华人在文化上完全当地化；菲律宾、马来西亚等国虽然允许华人保存自己的文化，但它要求这种文化只能是当地多元文化的一种，以服务当地为目标，否则，会加以限制与禁止。马来西亚华校的国民学校化、菲律宾华校的菲化等，都说明了这一点。再次，已归化当地的华侨及其后裔在事实面前认识到，只有在文化上当地化才能获得更全面的发展。虽然年龄层不同及教育背景不同，华人的当地化程度也不一样，但传统的以中国为中心的文化观显然不再为中青年一代所坚持，取而代之的是当地化或西化的文化观，或是吸收当地文化精华、以当地化价值为取向的文化。

对于华人文化的形成与发展，我们不应当忽视一个来自华人自身的关键性因素，即现代意义的华族的形成与发展。华族是海外源于中华民族、分属于不同的国家、基于共同的文化与种族认同的共同体。华族的发展必然伴随着一种强烈的族群意识的发展。所谓族群意识是指作为一个民族所共同拥有的种族与文化意识。而所谓种族意识即是一种源于中华民族的意识。所谓文化意识即是一种以中华传统文化为基础的价值观念。这两者构成了作为一个民族赖以存在的共同文化心理基础。东南亚许多国家华人争取少数民族地位的斗争实质上就是要求保留自己民族文化的问题。显然,一个人的华人文化意识淡薄或消失,也就无所谓华人文化的存在。许多华族的有识之士竭力倡导中华传统文化,正是有鉴于华人固有文化的丧失对华族发展所隐藏的危机。近二十年来新加坡特别强调华族文化的保持与弘扬,这对华族文化的发展是有利的。可以设想,假如印度尼西亚、泰国、越南等国的华族进一步壮大、发展,华人文化也将有重现生机之时。战后东南亚华人文化的变化主要包括两方面的内容:(1)华侨所移植的中华固有文化的变化;(2)与异域文化(原居民文化和西方文化)的交融及其适应。从反映中华文化的华文教育、华文报刊、华人社团、宗教信仰、风俗习惯以及文学艺术等方面的变化来看,传统文化总体上是趋于衰落。从国别来看,一般在当地政府实行多元文化政策、华人人口多的国家,华人传统文化保持较好;反之,在政府实行限制或禁止发展华人文化的国家,华人传统文化则危机四伏。

华人文化的当地化与华人文化的西化是华人文化走向适应与融合的两个主要方面。

当地化是现代华人文化发展的基本趋势。文化的当地取向是华人当地化的主要内容之一。许多人认为,华人文化有优越感,很难为当地文化所同化。然而,实际情形并非完全如此。如:在教育上,华人子女上当地学校,学习当地语言与文化,接受当地价值观念，在思维方式与行为习惯上与当地同伴并无两样。绝大多数华人都会说当地语言，如菲华人的达加诺语、印尼华人的印尼语、马来西亚华人的马来语、泰华人的泰语等；在宗教信仰、风俗习惯上，许多华人主动与当地社会相汇流；各国华人衣着、饮食、待人接物等的当地化。在文学艺术上，用当地文字与习惯方式来表达。这一过程实际上是华人的同化过程，它在华人作为当地的一个少数民族发展的过程中具有十分重要的意义。即它不只是完整地或较多地保持自己的文化传统，也不只是作为当地的一个民族而去寻求发展，它还致力于与当地社会的完整结合。华人文化的当地化有几个明显的方向：被同化，即失去自我，融入到另一种族的共同体之中；成为新型华人文化的主要特色；成为华人文化的一个次要内容。应当说，这几种趋向同时存在，其发展主流目前还不明确，有待于时间的检验。华人文化的当地化并没有统一的模式，它主要受到所在国家的政治社会文化环境以及华人自身状况两方面的影响。自身状况包括年龄、教育、移民历史背景等。

由于东南亚大多数国家都曾长期沦为西方资本主义国家如英、西、荷、法、美等国的殖民地，西方文化对这些国家影响甚深。华人作为一个商业群体在东南亚社会往往处于西方殖民者与土著民族之间的位置，西方文化对他们影响较大。例如，新加坡华人的西化以及菲律宾华人信仰天主教的现象。

东南亚各国华人文化变迁有其共同之处，如：中华传统文化观的变化；华人文化已作为所在国文化的一种；少数民族文化对主体文化的适应；中华传统文化的危机及华人挽救的努力；年轻一代华人文化观念的淡化等。这主要是因为，各国华人文化都是一种移民类型的文化的发展，经历了移民从出国到侨居、从适应到发展、从归化到更大发展这一过程所遇到的文化冲击、调适、矛盾、适应的共同问题。华人有共同的文化的与种族的根。不同之处在于，各国华人文化的发展道路、传统文化的保持程度、华人对自身文化建设的观点不尽一致。

华人文化的变化趋势是多向的。今天，东南亚华人文化仍然是指以华人传统文化为基础的文化形态，尽管在它的发展变化中与其他文化形态有碰撞、交融，吸收了其他文化的一些精华，同时自己的传统文化也有遗落，但华人的传统文化特色仍然是主流。作为一种少数民族文化而发展，作为融合了的华人文化而发展，是华人文化发展的两个主要方向。而华人所在国的华人政策与华人的自觉程度，是制约华人文化发展方向的两大因素。可以预见，如果第二、第三代华人在华人社会占据主导地位，那么，华人社会的文化特色将会发生根本的变化。

二　华人文化发展的思考

战后东南亚华人文化的变化引起了人们的普遍重视，也提出了一些值得思考的问题。

（一）如何看待华人文化与中华民族传统文化的关系

在此，我们应当明白华人文化与中华民族传统文化的联系与区别。其联系在于华人文化源于中华民族传统文化，后者予以前者丰富的营养，在一定程度上前者是后者在海外的一种发扬；今天的海外华人文化与中华民族传统文化有着一种天然的亲近感。其区别在于：现代海外华人文化已是各所在国多元文化的一个组成部分，它融合了其他多种文化。

这样，人们完全可以加强华族文化与中华民族传统文化两者之间的关系，并使之于双方有益。近年来，海外华人掀起了“寻根热”，这是对自己祖先文化认同的一种反映。正是这种“根”的认同和文化的亲近维系着华人与祖籍国的一种富有生命力的关系，海外华人对中国大陆的投资热也可从中得到解释。

然而，总体来说，华人文化与中华民族传统文化的关系正趋于疏淡。许多新生代华人对于祖籍国的传统文化只抱有一种遥远的理想，他们的“寻根”在缅怀家史的同时，更多的还是一种兴奋与好奇。在保留传统和“西化”上，他们或许更愿意选择后者。对此，我们没有必要懊恼。一方面，应当坚信一个民族要获得更大的发展必然要有“根”，是“根”的一种延续与弘扬；另一方面，如果一个民族认为祖先的东西对自身只有束缚，那又有什么必要告诫他们去死守呢？

（二）如何看待华人文化与当地主体文化的关系

对于邻族而言，华人由于它的文化凝聚性，易于给人一种“不可同化”与“国中之国”的感觉。对于华人自身而言，他们往往有一种文化优越感。这样，华人文化与当地主体文化之间的矛盾是不可避免的，有时甚至是尖锐的。

现代东南亚华人也在华人文化是融入当地主体文化之中还是作为一种民族文化而保留或发展之间彷徨、求索，消灭华人文化、强迫华人同化于当地文化之中，这种做法虽然照顾了主体民族或统治集团的利益，但它显然有悖于人权法则，不符合国际公理。无疑，在历史进程中存在着部分华人文化融合到当地主体文化或原居民文化之中的事例。但是，至少从理论上来说，华人文化与当地主体文化或邻族文化是一种平等的关系，华人有权利作出文化上的选择。

由于文化并不只是一种理念，而是作为一种价值观念的体现，它必然反映出人们的政治倾向。东南亚的华文教育、报刊、文学、华人信仰等方面的变化首先是由于华人身份的变化。华人文化与当地主体文化的关系状态也反映出华人与当地多数民族或国家政治之间关系的变化。正因如此，两者之间并没有一条平坦的路可走，而需要相互的宽容与主动的奉献。

（三）如何看待华人文化的国际化

由于散居于不同国家的华人具有共同的文化源，加上近些年来华人之间国际性的文化活动频繁，华人文化具有国际化的倾向。这种文化上的国际化打破了疆界的藩篱，具有把不同国度里的华人联结在一起的意义。这种联结成为所谓"华人经济圈"的重要背景。

华人文化的国际化无疑具有积极的意义。文化的活跃有利于华人的发展，华人力量的壮大又可带动华人当地化的进程。然而，由于东南亚华人特殊的地缘与经济因素，使得这种原本平淡无奇的文化国际化现象被误读与渲染。邻族或当地统治集团的极端分子会由此而怀疑华人的政治效忠，甚至采取某些偏执的报复性或惩罚性措施。这也提醒华人，在追求华人之间文化上的亲近与温馨之时，不要忘了顾及邻族的感受。在加强华人之间文化上的团结的同时，还应注意与邻族之间的沟通与和谐。

华人文化国际化的现象虽然给族人带来了文化认同的喜悦，但是它远远没有达到让人感到会形成一个"东南亚华人共同体"或"世界华人共同体"的程度。跨越国界的文化交流仍然受到来自"国界"的强大制约。

（四）如何看待华人文化与华族发展的关系

这里实际上提出了一个尖锐的问题，即现代华族的发展是否可以脱离华人传统文化的发展？在此，有两种不同的看法。持肯定意见者认为，新型的华族可以在接受主体民族文化的情况下仍然获得发展。或者说，华族传统文化形态已不是华人传统文化。持否定意见者认为，华人文化是华族发展的基础，一个失去自己文化养分的民族是不会有前途的。笔者认为，后者更有道理。

从理论上来说，没有自己文化的民族是没有生命力的，纯人种意义上的民族最终会被淘汰，如果华人没有自己的文化也就不成其为华人。从实际来看，东南亚华人的每一步发展都与自己文化的发展相联系。华人文化被排斥或毁灭，华族则陷于低落。一些华裔不承认自己为华人，原因即在于他们身上除了有华人的血脉之外，完全没有华人群体的归属感。

可以相信，一旦华族普遍认识到应当作为一个族群而存在与发展，且作为一个族群将有利于自己的发展，那么，华人文化必有自己的复兴、发展之日。

战后东南亚华人文化经历了不平静的发展路程，而且这一变化是十分深刻的。变化的实质是从侨民文化到当地文化之一的转变，这是一种传统文化的成分不断削弱，代之以当地化价值取向的文化形态。严格地说，现代华族的传统文化正处于一个转型的过程之中，其变化仍将持续下去。

东南亚华人文化的发展将主要依各国的政治社会环境而发展，并不存在统一的格式。虽然这里的华人似乎与北美的华人形成了两大特色鲜明的群体，人们呼吁对两者进行比较研究，但是现在更重要的还在于对各国华人变化状况(包括文化方面)进行切实的调查分析。文化的彷徨使华人处于一个选择的十字路口。年轻一代华人文化观念的淡薄是喜是忧,既是学者们研究的重要课题,也是华人社会面临的一个挑战。

华人研究正在朝着一门专门学问方向发展,但单纯的华人问题研究仍有种种局限。华人具有自己文化上与种族上的特性,然而更是一个社会环境关系中的人,受到来自当地、中国方面及国际上政治、经济和文化变迁的影响。“落地生根”主导着华人的发展方向,但中国的影响仍在触动着华人社会。面对变化着的海外华人文化,我们该抛弃旧观念,进行深入研究。忽视了这种变化而大谈所谓“华人圈”或“中国情结”,则是可悲的。

第二节　中华文化在海外的传播[①]

文化传播是指文化的传递、扩散、迁移、继传现象,包括时间上的纵向传递和空间上的横向扩散。文化传播伴随着文化的产生而产生,人类创造了文化,就有了文化传播。学校教育,作为一种培养人的社会文化现象,是传承社会文化、传递生产生活经验的基本途径,就其本质而言,也是一种文化传播形式。[②] 海外华文教育甫一诞生,就承担着传承中华文化的重任。随着中国

① 本节选自华霄颖《汉语热背景下北美中文学校文化传播功能研究》,《世界华文教育》2010年第3期。

② 刘正发《试论文化传播论对教育的启示》,《西北民族大学学报(哲学社会科学版)》2007年第2期。

国力的强盛，国际地位的提高，汉语热在全世界兴起，北美中文学校的文化传播功能得到了深化。

一 海外华文教育与中华文化传播

（一）海外华人社会的形成与中华文化传播

所谓海外华文教育，简言之是指针对海外华侨华人子弟进行的汉语和中华文化教育。而海外华文教育的发生、发展与海外华人社会的形成密切相关。

有文字记载的最早去海外的中国人是秦汉时代的徐福，漂流至中国的东邻日本。唐以后生产力提高，航海技术日渐发达，由于谋生、战乱等原因，沿海一些地方的中国人去异国定居谋生，留居海外人数逐渐增多。在当今海外华人最为聚集的东南亚，华人祖上几乎都是因贸易往来及生活所迫移居海外的中国福建广东一带人。在日本，中国贸易商船颇受欢迎，平户、长崎等港口城市逐渐出现中国人聚居的情形，当地人称为“唐市”①。鸦片战争以后，作为契约劳工的华侨出现在澳洲、美洲等地，并迅速扩展，形成了具有聚居特点的“唐人街”。

中国人聚居的生活习惯以及对本民族生活方式、宗教信仰的坚守，促使他们即使在海外也顽强地固守着传统的生活习惯、价值观念。据史书记载，爪哇一带，华人“在海外聚居成村落，并有自己的组织机构，形成共同的民族心态和生活方式”②。因此，我们认为，类似于“唐人街”的海外华人聚居社区的形成，本身即昭示着中华文化传统的物化。事实也证明，“唐人街”在华

---

①② 林蒲田《海外华文教育溯源》，《海外华文教育》2000年第1期。

侨华人的居住国,被视为中华文化的象征符号。从这一意义上说,华侨华人在海外的拓展史,同时也是中华文化海外传播的历史。

(二)海外华文教育的诞生发展与中华文化传播

海外华人社会的形成,其最大的功能是保证种族的繁衍发展,而教育是其重要的不可或缺的手段,华文教育的诞生也就顺理成章了。

据文字记载,最早的华文学校于17世纪末诞生在印尼,沿袭了中国传统的义学模式。而在美洲,华文学校出现较晚,大约在19世纪末。这跟那时华侨大量定居美洲有关。从教学内容看,是国内旧式教育内容的翻版,"以识字、记账珠算、尺牍为主,内容有三字经、百家姓、千字文乃至四书、五经"①。

在之后的几百年间,随着华侨华人与居住国主流社会关系的变化,各国的华文教育经历了从侨民教育向继承族裔语言文化的华人教育的转变。②

有学者认为,"海外华文教育实践,无论是处于顺境还是逆境,都一直以传承与弘扬中华优秀传统文化为己任,为中华文化走向世界,为所在国社会的文化发展做出了重要贡献。"③此言可谓深刻。

民族语言在一定程度上包含了一个民族的价值观念、思维模式、传统意识等群族共同的精神因素,因而,对自己民族语言

① 林蒲田《海外华文教育溯源》,《海外华文教育》2000年第1期。

② 梁培炽《美国华文教育发展新理念》,《暨南学报》1998年第4期。

③ 潘懋元、张应强《华文教育——中华优秀传统文化的现代彰显》,《东南学术》1998年第3期。

的认同，一定程度上能强化对自己所属族群的共同文化传统的认同。正因为如此，汉语作为华人的文化基因，对于在海外保持中华民族的独特性、传承和延续中华文化具有相当重要的意义。

海外华文教育对于汉语作为民族继承语言的重视，正是基于这一认识。因此，不管在哪一个洲，不管以何种办学形式存在，海外华文教育的内容始终离不开汉语教学和中国文化教学，这也意味着，民族文化传播是海外华文教育的根本目的。

（三）"汉语热"背景下的海外华文教育

中国的改革开放，给海外华文教育提供了一个新的发展机遇。上世纪末，随着中国大陆改革开放国策的实行，中国大陆的经济及社会发展获得了前所未有的迅猛发展，国际地位得到提高。中国的市场潜力日益显示出来，吸引了大批世界著名跨国公司前来投资。在这种情形下，汉语作为一种重要的商业语言，其经济价值和作为交际工具的实用价值日渐提升。

另外，在北美，由于改革开放之后出去留学的中国大陆留学生学成定居，他们开始将原来暂时留在中国大陆求学的孩子接出去，或者开始在居住国成家立业、生儿育女，新移民数量因此猛增，华文教育的发展被提上议事日程。这两方面的原因使得华文教育展现出一个光明的未来。

汉语热不仅存在于华侨华人社会①，一些国家的主流学校也纷纷开设中文课程。据统计，全球一百多个国家有超过2500

① 以美国为例，1994年，由于在美新移民家长创办的中文学校不断增加，致使一个全国性非营利性公益组织——全美中文学校协会（CSAUS）成立，以加强各地中文学校的交流，凝聚华人力量、传播中华文化、促进美中友好。截至2008年底，协会共有会员学校406所，遍布美国42个州的几乎所有大、中城市，在校学生人数已达8万以上。

所大学在教授汉语，世界上学习汉语的外国人已超过3000万。在美国，AP中文[①]在2008年正式付诸实施；中文正成为大学里最受欢迎的外语选修课；开设中文的主流全日制中小学连年翻番。一些国家的政府和教育部门因此越来越关注游离于主流教育体制之外的华文学校，希望加强合作，共同搞好当地的华文教育。如加拿大多伦多省大力支持华文教育，政府承担教师工资和学生学费。

"汉语热"背景下的海外华文教育具有明显的特点。第一，海外华文教育的对象多样化，呈现出与对外汉语教学的融合趋势。教学对象不仅包括华裔子弟，也包括非华裔儿童和成人。被领养中国儿童也成为华文教育开始面对的一个新群体。据统计，约有10万中国儿童被领养，生活在16个国家，且每年新增6000人左右。美国最多，约有7万人。其次是加拿大。[②] 即使是华裔子弟，由于他们大都出生于居住国，从小接触母语环境，华文对其而言也与外语无异。这两大原因使得华文教育已非以往的祖裔语教育，而兼具对外汉语教学的特点。第二，海外华文教育学习者工具性动机增强，华文呈现出族裔继承语言和实用外语的双重特性。由于熟谙华文，可以找到较好的工作，华裔子弟一改被父母逼着学华文的情形，渐渐意识到华文的经济价值及工具性特点。笔者曾对来华参加夏令营的海外华裔子弟做过调查，在回答"学习汉语的原因"这一问题时，都不约而同地同时

① 在我国教育部支持下，国家汉办和美大学理事会于2003年合作开展AP(Advanced Placement)中文预科项目。

② 范宏伟、刘晓民《中国软实力的培育：当前海外华文教育发展状况》，《南洋问题研究》2007年第4期。

选择了“爸爸妈妈要我学”和“我是中国人，应该学”两个似乎矛盾的答案，至于“以后找工作方便”的选择，也占到三分之一。这表明，华裔子弟学习汉语的工具性动机与汉语作为族裔语言的“身份意识”兼而有之。

这种情况表明，海外华文教育正经历着前所未有的空前高涨，与汉语热相得益彰。为促进中外语言和文化交流，弘扬中华民族优秀文化，塑造中国良好的国际形象并构建中国的软实力，2004年国务院批准实施“汉语桥工程”五年行动计划，这是中国政府首次制定实施系统、创新、面向世界的推广汉语计划。

海外华文教育与汉语国际推广究竟处于何种关系？我们可以借用李宇明先生关于汉语国际传播的“三个战略区域”予以形象的说明。李宇明先生将汉语国际传播分为三大圈：海外华人社区圈、传统的汉字文化圈（朝鲜、韩国、日本、越南等）和辐射圈（世界其他国家或地区）。[①]

据此，我们认为，由于海外华人社会是海外使用汉语的核心人群，因此海外华文教育正处于汉语国际推广的核心圈内，而由于海外华人既是中华民族的传人，本身带有中华民族的文化基因，同时又定居于居住国，熟谙并认同居住国文化，因此，海外华人在汉语国际推广中具有双重角色：既是推广的对象，又是向居住国本土人群推广汉语、传播中国文化的使者，而海外华文教育也就成为汉语国际推广的重要组成部分。

基于这种认识，下文将主要围绕探讨北美中文学校中华文化传播功能的深化，来探索海外华文教育对于汉语国际推广、提

---

① 李宇明《强国的语言与语言强国》，《光明日报》2004年7月28日。

升中国文化软实力的重要作用。

二　“汉语热”背景下北美中文学校文化传播功能的深化

本文所指的“北美中文学校”，是指美国、加拿大两国由华人创办的中文学校，其中主要指由大陆新移民创办的周末制中文学校，兼及台湾香港移民及老侨创立的中文学校。而前者，也有学者称为“新型”中文学校，认为由于其创建者——大陆新移民的群体特点，使得这类中文学校在师资来源、学生素质、办学动机以及与主流社会关系上也具有独特的办学优势，尤其在社会功能上体现出远远超出祖裔语言教育本身的深远意义，促进了中华文化在北美的传播①。随着“汉语热”在世界的普遍形成，北美中文学校文化传播功能日益凸现。下面将通过问卷调查、访谈并辅助网络资料，对这一问题进行分析探讨。②

(一) 生源发生变化，非华裔进入中文学校学习汉语

2002 年，笔者赴美培训中文学校教师，当时已有中文学校教师询问有关美国成人汉语教学问题。这种情况随着中国经济的迅猛发展及全球“汉语热”的形成得到了发展。被调查的 13 所中文学校中，全部都有非华裔子弟学生的加入。作为普通教师，他们虽然无法掌握具体人数，但是都肯定了学校招收非华裔美籍学生，包括领养中国儿童及其美国父母、美国儿童、美国成

---

① 李嘉郁《谈谈北美地区新型中文学校的社会功能》，《八桂侨刊》2001 年第 4 期。

② 我们向 2009 年在华东师大参加海外华文教师研修班的学员发出了调查问卷。两个研修班中，美国教师共 12 名，来自 11 所中文学校，加拿大教师 2 名，来自不同的中文学校。访谈对象根据问卷答卷情况确定，主要是选择开展面向社区的中华文化活动的学校的教师。同时也利用参加首届世界华文教学论坛的机会对部分北美教师代表做了访谈。

人等,比例最高的学校非华裔学生占8%左右。

网络资料也表明,美国越来越多的中文学校面向非华裔子弟开设中文课程。早在2004年,美中文学校协会(CSAUS)第五次全国代表大会议程之一是:中文学校的发展与美国教育系统的结合,包括AP中文开发、争取学区学分途径、中文学校发展与美国主流社会、领养中国儿童的中文教育等领域,而这些目前已在部分地区变成了事实。

据美国《世界日报》报道,随着中文热在美国兴起,南加州各地中文学校非华裔学生明显增加。南加州中文学校联合会前会长、圣峪华协中文学校教师杨贤怡说,韩裔学生已占该校学生10%,且人数持续增长。该地区喜瑞都中文学校、富乐顿中文学校等学校,新学生中韩裔成为非华裔学生中人数最多的族裔,而且不限儿童,也有成人。①

美国北加州中文学校联合会会长魏德珍2008年曾在一次会议上指出,联合会一百多所中文学院的学生除了华裔子弟,还有来自其他族裔的学生。②

曾经遭受飓风重创的新奥尔良中文学校作为新奥尔良唯一一所中文学校,早就开设国际成人班、国际儿童班、家长班等面向非华裔学生的中文班及书法、武术、剪纸等中华文化选修班,它既是新奥尔良的汉语学习中心,也是中美文化交流的场所。

这些情况表明,目前北美中文学校的学生生源发生了变化,

---

① 《美国韩裔掀起"哈中"热 中文学校受惠生源大增》,《华声报》2006年10月13日。

② 《美中文热升温 普及与推广中华文化成重要议题》,http://www.hwjyw.com/hjzx/hjxw/200805/t2008050616438.shtml,2008年5月6日。

非华裔的加入，使中文学校的教学增加了新的内容，也给中文学校传播中华文化创造了客观条件。

（二）课程设置语言文化并重，发挥中华文化传播功能

调查结果显示，每所中文学校除了汉语课程外，还开设中华文化类课程或成立中华文化兴趣小组，也有的学校由于师资齐全，既有固定课程，又有兴趣小组，深受孩子们的喜爱。中文学校作为华裔家长的社交场所，如果人力、财力允许，学校也会安排面向家长的课程或讲座。另外，每个学期，学校会安排一些写作、绘画、唱歌、朗诵、讲故事、知识竞赛、运动会等竞赛活动，以激发孩子们的学习积极性。

从课程及兴趣小组活动内容看，大致可分为这样几类：

1.知识性课程。

中国文化、中国地理、中国历史、古诗等。

2.才艺类课程。

传统手工艺：剪纸、中国结制作等。

传统艺术：书法、国画、泥塑、民族舞、古筝、舞龙、舞狮等。

传统武术：太极拳、武术、功夫等。

传统游艺类：抖空竹、象棋、围棋等。

语言类：朗诵。

通行才艺类：钢琴、机器人、小提琴、羽毛球、篮球等。

3.讲座。

面向学生：拼音、汉字、成语、汉语阅读、汉语写作、标点符号、中国茶文化、中国酒文化等。

面向家长：中医保健、瑜伽、健身操等。

（三）面向社区的中华文化活动多种多样，吸引了对中国文化感兴趣的当地人

我们在调查中发现，中文学校已不仅仅是面向华裔子弟传承中华语言文化的场所，它也成为面向北美民众的汉语及中华文化传播基地。

综合调查、访谈及网络资料，我们可以对以中文学校为主体举办的这些活动进行分类：

1.与当地孔子学院联合举办或参与中国语言文化推广活动。

美国马萨诸塞州波士顿牛顿中文学校 50 周年校庆的活动之一，就是与马州大学孔子学院合办校庆研讨会，研讨新形势下的中文教学及华裔学习的特点、中文学校和孔子学院的合作前景等问题；洛杉矶 UCLA 大学孔子学院的负责人表示，该院今后要大力加强和中文学校、华人社区的联系；加拿大蒙特利尔佳华中文学校的学生参加魁北克孔子学院和中国文化节首次联手举办的“感触中国——看东方文化周”。

2.参与当地社区或者政府的多元文化节日。

加拿大蒙特利尔佳华中文学校近几年每年参加北美最大的龙舟节之一的蒙特利尔国际龙舟节，表演精彩的太极、武术、中国民族舞蹈等。

美国新泽西州的中文学校师生每年积极在新州的中国日上大显身手。

值得一提的是牛顿中文学校，在其 50 周年的庆典中面向牛顿市民进行文艺表演，牛顿市长亲临现场，并宣布每年的 3 月 14 日是全市的牛顿中文学校日。

3.向当地公司、社会机构等传播中华文化。

美国底特律中文学校和美国东南康州中文学校是典型的例子。底特律是美国有名的汽车城。底特律中文学校利用自身的优势，积极与当地的大公司配合，举行多元文化周的活动，并在当地图书馆举行中国文化展。美国东南康州中文学校附近即是著名的辉瑞药厂，许多家长就是辉瑞的员工，他们积极促进中文学校和辉瑞员工的文化交流。每年春节前后，中文学校总要准备文艺节目及书法、绘画及剪纸等表演，进厂为公司的科学家及家属表演，还带领学生准备中华文化节目前往当地敬老院表演。

4.举办大型华人社区的春节联欢晚会等节日聚会。

每当中国传统节日，特别是春节、端午节、中秋节这三大节日到来之际，中文学校会举办各种联欢活动。大家济济一堂，边看传统文艺表演，边品尝传统节日佳肴，按照中国的传统方式，过一个传统节日。数年前，这样的活动仅仅是以中文学校的华裔家长为主体举办的，参加者除了中文学校的学生及家长，就是一些相关的华裔亲朋好友，洋溢着寻根的气氛。近几年来，由于一些对中华文化感兴趣的非华裔美国人的加入，加上活动被纳入社区的文化节之中，这些传统文化聚会就有了跨文化的含义，成了当地多元文化的组成部分之一。

2008年春节，美国俄亥俄州举办了历史上最大规模的庆祝中国春节的联欢活动。该活动由新成立的俄亥俄州中国文化交流中心发起，涉及五个城市。内容包括三场由各城市和学校提供的弹、唱、歌、舞、杂技、相声等特色表演的精彩文艺节目，以及中国十大世界文化遗产介绍，还有羽毛球、乒乓球、围棋、象棋、麻将等各项具中国特色的体育比赛和大型活动，并有中国美食展览，品种涵盖广东点心、江南佳肴、北方的面食等。由于俄亥俄州美国领养中国孩子家庭协会的积极组织和参与，参加中国春节联欢活动的美国朋友人数超过一千五百人，占总人数的四分之一。这个活动在整个俄亥俄州产生了巨大的影响。

这样的活动对扩大华人的社会影响，提高华人华侨的社会地位和政治地位，加深中美两国人民之间的友谊和了解，传播中华文化无疑起到了积极的作用。

5.协助国务院侨办或地方侨办举办中国艺术团体的访美演出活动。

这类活动不胜枚举。上海市侨办2008年在美国举办的中国文化日活动、国务院侨办2009年春节举办的四海同心海外文化巡回演出，就是在以北美及各地中文学校为主体的华人组织配合下完成的。

(四) 北美中文学校与居住国国民教育体系的关系日益密切

北美中文学校的发展前景令人鼓舞，这显然与近年来全球形成的“汉语热”休戚相关。在美国，尽管对于汉语的重视是出于国家安全的考虑，但客观上却造成了汉语教学的繁荣景象。

2003年底，美国大学理事会与中国汉办共同宣布启动AP中文课程与考试项目，标志着中文开始进入美国国民教育体系。2006年9月AP中文课程启动，2008年183所美国高中设立了AP中文课程。根据应用语言学中心整理的统计数据，在过去的十年里(1998年至2008年)，美国小学和中学里的汉语课程以超过300%的速度飞速增长。但是，美国国民教育体系中的师资及教材明显有着巨大的缺口，这使得美国的中文学校面临着良好的契机。有专家认为，美国公立和私立学校最终会与传统中文学校展开正式、非正式合作，获得师资力量，开设汉语课程。中文学校和美国公立私立学校的合作对双方都可能是一个双赢的策略。

而加拿大的中文学校也面临着同样的生机，开设中文的主流学校越来越多。

在这种形势下，北美中文学校与主流学校的关系日益紧密，表现在以下方面：

1.学分认可

北美中文学校的学分逐渐得到所在学区的认可。

2008年，美国马里兰州蒙哥马里郡公立学校正式批准希望中文学校洛城校区开设的中文课程列入蒙郡公立高中学分纪录。根据规定，所有蒙郡公立高中学生，只要在希望中文学校洛城校区选修中文课程，考勤考试合格，均可记入高中学分纪录。芝加哥合作中文学校、圣地亚哥华夏中文学校的中文学分也获该学区承认。加拿大蒙特利尔佳华学校的学生完成汉语课程、考试合格，也可获得魁北克省教育部授予的学分。

这意味着这些中文学校的教学质量被主流学校认可，也意味着将有更多的非华裔学生会成为中文学校的学生。

2.联合办学

美国中文学校和美国公立私立学校的合作正在开始。纽约皇后社区学院中文学校就是利用皇后社区学院丰富的教学资源推广中文教育，设立了附属中文学校①。美国马里兰州霍华郡的哥城中文学校与霍华郡公立学校系统正式结盟，签署了“哥

① 《纽约皇后社区学院中校结业　小学员秀成果》，“中国侨网”2009年6月16日。

城—霍郡公校系统伙伴关系”合约，双方将携手合作，为促进霍华郡的多元化及中华文化、华语教育的进一步发展努力。该校与霍郡公校系统合作已有多年，例如为公校系统提供华语文师资培训和公立教育资讯的翻译服务，在共促多元和谐社区的共识下，双方关系密切且合作愉快①。

3.教师走入主流学校任教

北美中文学校的教师除了在中文学校教授非华裔子弟，他们中一些具有教师资格的人，也开始走入主流学校教授汉语。另有一些教师应公司的要求教授商务中文。

综上，我们可以看出，学习者中非华裔的增加成为一个关键性的特点，这使得北美中文学校的中华文化传播功能发生了深刻的变化，在传统的祖裔语言文化传播的基础上增加了跨文化的文化传播，也即时间上的纵向传递和空间上的横向扩散并存。

三　北美中文学校的中华文化传播优势与途径

(一) 北美中文学校的中华文化传播优势

第一，北美的多元文化政策给中华文化传播创造了较为宽松的客观条件。

较之东南亚国家的华文教育受国家对华侨移民政策的影响而发展受限，北美的环境相对较为宽松。以加拿大为例，政府在上世纪60年代也曾实行“同化政策”，希望移民“加拿大化”，但最终认识到加拿大欲繁荣进步，必须容忍多元文化社会的存在，

① 《美国马州哥城中校携手霍华郡公校推展华语教育》，“中国侨网”2009年6月25日。

必须依靠各民族人民的共同建设，遂于1971年正式提出多元文化主义的政策，鼓励各民族克服文化障碍，参与加拿大社会，促进各民族间的文化交流。为了切实推进多元文化的建设，加拿大政府还曾在1996年出资资助了70多所华文学校①。美国也秉持多元文化政策，帮助各民族之间进行文化交流。这一切是中华文化传播的有利条件。

第二，北美中文学校身处北美，更了解文化传播对象的需求。

我们知道，从信息论的角度看，文化传播是一个信息从传播者向接受者传递的过程。如下图所示：

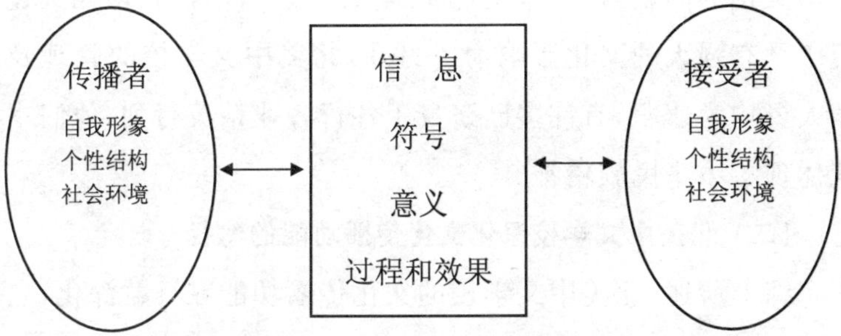

传播者和接受者是十分重要的传播的两极，他们各自的主要因素（自我形象、个性结构、社会环境）都对信息即传播内容的建构产生了很大的影响。对外文化传播的特点是跨文化传播。如果传播者不能很好地了解接受者具有跨文化差异的特点进行传播，就会影响传播的顺利进行。

北美中文学校的教师们身在北美，本身即混融了当地文化

---

①　梁霞、张应龙《加拿大华文教育的现状分析》，《广西社会科学》2005年第12期。

和祖籍国文化，十分了解当地人群的价值观念，因而能更好地运用当地人群的思维习惯、喜闻乐见的形式进行文化传播，从而吸引他们，使他们不知不觉地接受中华文化。[①] 而这一点正是文化软实力的特点：具有强大的影响力。

第三，北美中文学校作为华裔社团组织，本身也体现了中华文化的民族精神和民族凝聚力。

文化影响力是指一个国家通过其语言、文字、艺术、科学、信仰、民风民俗等体现出来的国内、国际影响，表现为对内的民族凝聚力和对外的渗透归化力。北美中文学校同时也是华裔社团组织，它们在融入主流社会多元文化的过程中也执着地保留了中华文化的因素，是中华文化凝聚力的最好体现，在多元文化环境中具有强大的文化影响力。另外，北美中文学校的管理及教学人员均为兼职，有许多已跻身于各行各业精英行列，他们本身就体现了中华民族精神。

（二）北美中文学校深化文化传播功能的途径

综上所述，北美中文学校的文化传播功能在日益深化，它不仅承担着传承作为族裔文化的中华文化的重任，同时也肩负着向外传播优秀中华文化的使命。因此，探索如何解决北美中文学校深化文化传播功能所面临的问题与困难，寻找更好地发挥其作用的途径，为提升中国文化软实力服务，意义深远。

第一，中文学校应利用北美多元文化环境及各方资源，加强与当地政府机构及主流社会的协调与沟通。

---

① 笔者曾经在网上查阅到美国某中文学校的文化宣传板，介绍汉字，从美国青少年常见的汉字文身谈起，具有很强的切近性，使传播对方易于接受。这样的构思非当地生活者不能产生。

如上所述，北美有着宽松的多元文化环境，与中国在经济文化等方面的交流合作甚多，中文学校应瞄准机遇，建立与当地各级机构的沟通协作，更好地传播中华文化。

2007 年，中国海外交流协会文教部与加拿大多伦多市公立教育局正式签署了《关于在多伦多地区合作开展华文教育工作的协议备忘录》，主要将在中文教师培训（分学历班和非学历班），夏（冬）令营，教材和教学资料的提供，中国文化、历史、地理知识竞赛，两机构的人员交流五个方面开展合作。这一合作计划的实施，对于当地中文学校而言，在教师培训及走入主流学校任教、教学资源共享等方面都有极大的促进作用。而当地的中文学校也将受惠于此项计划，更好地发挥其对祖籍国和居住国之间文化交流的作用。

第二，中文学校应设法建立与当地孔子学院的协作关系，更好地为传播中华文化作出贡献。

从前述调查结果分析，中文学校与孔子学院的合作已初露端倪。孔子学院作为推广汉语传播中华文化的非营利性机构，负有历史性的使命。但是相比历史悠久的中文学校而言，它对当地政策、文化的了解，对被传播者特点及相适应的传播方式的了解远不如中文学校。因此，孔子学院应和中文学校联手，更好地以当地人喜闻乐见的方式推广中华文化。调查结果已经证实这一合作的存在，但显然还不够普遍，仍有着广阔的发展空间。

由于北美各地区中文学校发展并不均衡，差异较大，建议可以首选海外中文学校示范院校①作为与孔子学院合作对象，在

---

①　2009 年，国务院侨务办公室和中国海外交流协会组织进行了首批“华文教育示范学校”评选工作，共有 21 个国家的 55 所华校入选，北美共有 13 所，占近四分之一。

师资、教学资源上予以共享,并在教学方法、文化传播方式等方面利用各自优势进行合作形式的创新。

第三,中文学校应寻求多方帮助,解决传播中华文化过程中的瓶颈问题。

前景固然美好,但现实不容乐观。北美中文学校虽然具有传播中华文化的优势,但是还存在着不少问题,其中,人、财、物的缺乏是主要的瓶颈问题。

人即人力,指缺乏专业的文化师资。中文学校教师均为兼职,大部分为非中文专业出身,他们的中华文化知识缺乏系统性,在教学或举办讲座、组织活动中常常会捉襟见肘,因此,目前中文学校的文化讲座或活动常常停留在一些简单的民族工艺制作、歌舞表演、武术太极表演、书法绘画展示、饮食文化介绍、茶文化传播等,无法涉及具有本质特点的中华文化精髓,其根本原因是教师本身缺乏这方面的专业知识。物是教学资源问题。教师们在教学或组织活动中,常常会碰到教学资源短缺的问题,包括中华文化知识内容方面的教学资源、教学时需要的图片、影视节目资源等。这其中也有财的问题,即经费短缺。中文学校主要依靠学生的学费和家长的捐赠维持教学,没有多余的经费开展相关文化传播活动。

其中,师资问题是关键,它影响着文化传播的内容确定、方式选择、效果评价,影响着文化传播的深入。因此,我们建议,首先,充分发挥国内华文教育基地院校的优势,在海外华文教师培训中增加文化教师的培训内容;其次,利用中国华文教育网,整合国内相关资源,编制相关多媒体教学资源库,以满足海外中文学校传播中华文化的需求;再次,从长远看,国内相关部门应在对各地区文化传播效果的调查研究基础上，制定适合各国各地区的中华文化教学大纲，以规范中华文化教学与传播。

第三节　海外华裔青少年与中华文化

壹　华裔青少年的文化认知[①]

一　*新加坡初中毕业生华族历史文化知识调查*

1.调查目的

本调查的目的在于具体了解当前新加坡华文课程在实现文化性目标上取得的成绩。

2.问卷设计

(1)中华文史知识测验

"中华文史知识测验"从四个文化范畴考查学生的知识水平。这四个范畴分别为道德、文学、历史和习俗，每个范畴共设10题，共40题。道德题内容涵盖儒家忠孝仁爱的思想精神，文学题内容涵盖中国古典与现代文学中的著名作家和作品，历史题内容涵盖历史人物、民族英雄、古代科学等，习俗题内容涵盖华族的重要节日、风俗习惯、亲属关系等。为了确保评分的客观性，"中华文史知识测验"以多项选择题的形式设题，每道题共提

① 本部分选自陈之权《从起点出发：通过华文课程提高学生文化适应度》，《大题小做》，南京大学出版社2011年版。

供四个答案供选择。以下为问卷的部分问题：

甲项：道德

1.下列哪一位历史名人的背脊上被母亲刺上“精忠报国”四个字？

A.文天祥　B.史可法　C.岳飞　D.张巡

乙项：文学

2.“武松打虎”的故事出自哪一本中国古典小说？

A.《西游记》　B.《水浒传》　C.《红楼梦》　D.《封神榜》

丙项：历史

3.中国历史上最后一个王朝是：

A.元朝　B.明朝　C.清朝　D.中华民国

丁项：习俗

4.中华民族的象征图腾是：

A.龙　B.凤　C.狮　D.虎

(2)中华文化习得调查

“中华文化习得调查”旨在协助笔者找出除华文课程之外，学生的文史知识与生活节庆之间的关系，了解家庭节庆与学生所具有的中华文史知识之间存在着怎样的关系，进一步摸清学生文化习得的渠道，以此为华文课程文化目标的实现提供注脚。

3.调查方法

(1)调查对象

调查对象为三所中学的120名学生。参与调查的学生包括修读华文和英文皆为第一语文水平课程的特选源流初中三年级①的学生，及以英文为第一语文、华文为第二语文的初中四年级快捷课程学生和初中五年级普通学术课程学生。

---

① 新加坡中学实行教育分流，根据“小学离校考试”(Primary School Leaving Examination, PSLE)的成绩将学生分成特选、快捷、普通学术、普通工艺四个源流，特选源流的学生是同龄学生中PSLE成绩最优秀的8%—10%的学生。

(2)进行方式

文史知识调查在三所中学进行,每所学校随机抽选一到两个班学生参加调查,各校人数分别为40人。调查采取随堂闭卷测验的方式,在一个小时之内完成。在调查进行过程中,教师未给予学生任何协助,学生也不准翻查任何参考资料。

4.调查结果

(1)中华文史知识调查结果

根据所得数据,学生的总体表现如下表所示:

表a:初中毕业生中华文史知识调查结果

调查范畴 成绩	道德	文学	历史	习俗	总分
平均得分	69.6	63.7	58.7	74.1	66.4
最高分	100	100	90	100	92.5
最低分	30	20	10	30	32.5
标准差	15.7	20.0	16.1	14.7	11.9

如表a所示,参加调查的学生在习俗领域的表现最好,道德次之,文学又次之,历史知识表现最差。在参加调查的学生当中,道德、文学和习俗领域的最高分为100,历史的最高分为90。在最低分数方面,道德领域30分、文学领域20分、历史领域10分、习俗领域30分。四个领域的标准差分别为15.7,20.0,16.1以及14.7。参与调查的学生在四个领域的分数分布情况如下:

表b:初中毕业生中华文史知识调查分数分布

范畴	道德			文学			历史			习俗		
分数	人数	累积	%	人数	累积	%	人数	累积	%	人数	累积	%
0	0	0	0	0	0	0	0	0	0	0	0	0

（续表）

10	0	0	0	0	0	0	1	1	1.0	0	0	0
20	0	0	0	2	2	2.1	0	1	0	0	0	0
30	2	2	2.1	6	8	6.2	4	5	4.1	1	1	1.0
40	8	10	8.2	7	15	7.2	12	17	12.4	3	4	3.1
50	7	17	7.2	16	31	16.5	31	48	32.0	6	10	6.2
60	16	33	16.5	24	55	24.7	15	63	15.5	14	24	14.4
70	21	54	21.6	19	74	19.6	18	81	18.6	23	47	23.7
80	29	83	29.9	7	81	7.2	10	91	10.3	24	71	24.7
90	13	96	13.4	5	86	5.2	6	97	6.2	23	94	23.7
100	1	97	1.0	11	97	11.3	0	97	0	3	97	3.1

根据上表数据分析，我们可以很清楚地看出学生在各领域的一般表现。

学生在道德范畴的表现以80分居多，70分次之，两者相加超过半数；在文学范围内则以60分为多；在历史范围内则以50分居多；在习俗范围内70、80和90分的人数不相上下，三者相加近80%。

《新加坡初中毕业生华族历史文化知识调查问卷》中有个附加问题，调查受试人在学校修读中华文学类课程的情况。资料显示，在34名特选源流的受试人中，有23名从中三开始修读《中华文学》（2006年改名为《华文文学》），其他两所学校的学生，仅有两名中国学生修读这门课。而原始资料亦显示，特选源流的学生在文学方面所得的分数也比快捷和普通源流的学生高，当中的11人还在文学范畴内取得了满分。下表总结了特选源流的学生在文史知识调查中的表现：

表 c:特选中学学生中华文史知识调查结果

调查范畴 / 成绩	道德	文学	历史	习俗	总分
平均得分	73.5	72.9	62.6	78.2	71.8
最高分	100	100	90	90	92.5
最低分	40	30	40	60	50
标准差	13.23	23.03	17.46	10.58	11.81

(2)中华文化习得调查结果

“中华文化习得调查”的结果显示,华族传统节日在大部分新加坡华族家庭里得到保留,人们对传统节日依然重视。华族的主要传统节日,如春节、中秋、端午和冬至习俗,依然在大多数家庭里延续。

表 d:受试家庭庆祝华族传统节日统计

家庭每年都庆祝的节日	%
a.农历新年(春节)	96
b.端午节	75
c.中元节	35
d.中秋节	85
e.冬至	62
f.其他	8

中华传统节庆还在日渐西化的新加坡社会里流传,不因语言环境的脱华入英而淡化,这是令人感到欣慰的。

从调查所得的数据,我们可以得到如下的结论:

①参与调查的学生对中华文化有一定的认识,但呈现出知识不平衡现象。

②学生对传统习俗最为熟悉,对传统道德与价值观也有相

当认识。

③由于家庭重视传统节庆，学生对于传统礼俗比较熟悉，家庭对学生的影响有效地辅助了学校华文课程的内容。

④学生在中华文学方面的认识相对不足，且差距较大。

⑤接触过文学类篇章的特选源流的学生，文学知识明显比其他源流的学生好。

⑥学生在历史范畴的表现普遍偏低，历史范畴的平均分数是四个范畴里唯一低于 60 分的，这说明学生对于华族历史的认识极为不足。

5.调查中所显示的文化问题

学生对节日与习俗的认识较多，笔者认为，主要原因是新加坡华人社会至今仍十分重视华族传统节日，民间节庆嘉年华会如“春到河畔迎新年”、“妆艺大游行”、“端午节国际龙舟赛”不间断地举办了多年，规模极大，参与人数众多，已成为新加坡华族节日的节庆传统，学生对于春节贺年，端午节赛龙舟、吃粽子，中秋赏月等习俗并不陌生。受新加坡过去几套华文教材“文以载道”的课程观影响，学生还能保有一定的道德知识，但对文学和历史的认识则不令人满意。随着华文学校成为历史名词，今天除了少数几所特选学校继续开办选修人数不多的华文文学课以外，大部分新加坡华族学生并没有机会修读华文文学课，他们对于华文文学的认识大概仅限于小学华文课本中的几篇古典诗歌，以及中学课本中为数不多的、经过改写的一些现当代文学作品和新加坡当地作家的作品，接触面非常有限。而中国历史基本上不再是新加坡中学课程的一部分，学生对于华族历史的知识，大概也只能依靠华文课本中为数不多的介绍中国古代人物、古代发明或古代建筑的文章了，而这些文章，也只能给予学生一鳞半爪的历史知识，缺乏系统性，无法形成明确的历史观。

鉴于文学是承载文化价值观的媒介，历史是一个民族追本溯源的渠道，对中华文学、历史认识肤浅化的趋势如若继续蔓延下去，新加坡年轻一代国民将因缺少文学的涵养与对民族历史的尊重而成为缺乏文化内涵的人，对华族文化的感情将因认识不深而逐渐淡薄。年轻一代对本族文化情感的淡薄将逐代加剧，对华族语言文化在新加坡的长远发展极为不利。

二　对文化情感淡薄的可能后果

1.“同化人”的出现

斐托利(Fitouri)在 20 世纪 80 年代调查过突尼斯阿拉伯语—法语双语教育对该国文化的影响。其调查发现，阿法双语教育培养了四类国民——单文化单语人、单文化双语人、双文化双语人以及双文化单语人。这四类突国人对两种语言的掌握能力和对阿法两种文化的了解有明显差异。根据南洋理工大学国立教育学院一批学者的研究，在新加坡，还可能出现第五类人——同化单/双语人[①]。

同化单语或双语人在文化和语言上会有一种迷失感，他们对中西方文化都不甚了了，但又不能说全然无知，因而在两种文化之间苦苦挣扎。[②]许多新加坡华人兼通双语，但要他们说出两个文化圈内杰出的作家作品、哲人思想家，他们却说不上来。随

---

①② Gopinathan; Anne Pakir; Ho Wah Kam and Vanithamani Saravanan(ed). 1994. *Language, Society and Education in Singapore: Issues and Trends*. Singapore: Times Academic Press.

着英语逐渐成为下一代新加坡人的工作与生活用语，华文退却为学校里的一门考试单科，同化单/双语人可能会越来越多。新一代新加坡华人可能最终只保留许多表层文化特点，如食物、歌舞、节庆方式、婚葬仪式等，而没有实质的文化内涵。

2.影响华族文化的传承与发扬

人首先是文化的生产者，而文化的反作用也生产了人。[①]每一个人既为文化所塑造，也成为文化的塑造者。兰德曼说："人投入于祖先所累积起来的文化外部特质中"，并"从祖先那里接受了可观的精神礼物"。一个民族的文化基础，是由整个民族世代相传的经验和发明所累积起来的。人只有生长在为其族群所承传的文化基础上，才能成为一个完全的人，才能促成人性之完善。兰德曼认为，一个族群的文化须为其成员所共同保存和传递才能够延续下去，一种文化如果没有人去实现就不会存在，而人没有了文化也将是虚无的。

目前，新加坡华族文化的传承与发展正面临严峻挑战。当前的学校课程依然偏向于精英教育，只有少数天资聪颖的学生才有机会接触较高层次的族群文化，如中学的"双文化课程"只开设在数所精英学校，而忽略了文化的传扬与发展须有广大的社会基础的事实。在精英教育体制下，广大资质中等或中上的学生修读的是文化内涵不足、语言过于浅白的教材。浅显外露的教材限制了教学的深度与广度，也使许多优秀的教学素材，特别是那些文质兼美的文学作品无法发挥文化魅力。华文课程难以让大多数学生接触高层次华族文化，因此也就无从促使文化

① 〔德〕米夏埃尔·兰德曼著、张乐天译《哲学人类学》，上海译文出版社 1988 年版。

自豪感的产生，进而削弱了文化发展应有的社会基础。从长远来看，这对华族文化的传承与发扬必定产生深远且消极的影响。

贰 华裔青少年的文化认同

一 文化认同的过程及表现方式①

在自我概念中，自我文化认同对自我概念的发展起着重要的作用，自我文化认同包括职业、政治、宗教、价值观等方面的自我评价和自我定位。华文学校的学生由于他们身份的特殊性，既具有所在国的国籍，又有华人的血统，使他们在自我文化认同方面，对中华传统文化具有很强的文化认同。

(一) 自我认同感

"认同"一词最早由弗洛伊德提出，指个人与他人、群体或模仿人物在情感上、心理上趋同的过程。自我认同也称自我同一性，是由美国精神分析学家艾瑞克·埃里克森提出的。他在弗洛伊德自我概念的基础上提出并形成了系统的同一性发展理论，认为自我认同是个体在职业、政治、宗教、价值观等方面的自我评价和自我定位：自我的基本功能是建立并保持自我同一性，但是在个体的自我意识中，常常会出现个体不能形成统一的、连续的、整合起来的自我观念形象，或者失去对自我价值、自我意义的积极感受的情形，这种现象被称为"自我认同危机"。英国社会学家安东尼·吉登斯指出，个体通过内在参照系统而形成

---

① 本部分选自宋兴川《华文学校学生的自我文化认同》，《华文教育社会心理学》，福建教育出版社 2011 年版。

自我反思性，由此形成自我认同的过程。在他看来，个体的自我常常在断裂的时空情景中被撕成碎片：我怎么了？我在哪里？于是自我认同危机便不可避免地产生了。埃里克森认为自我同一性或自我认同是一种对于我是谁、我将走向何方、我在社会中处于何种地位的稳定连续感。自我认同的人能理智地看待并且接受自己以及外界，能够精力充沛，热爱生活，不会沉浸在悲叹、抱怨或悔恨之中，而且奋发向上，积极而独立。

华文学校的学生由于他们身份的特殊性，既具有所在国的国籍，又有华人的血统，使他们在自我认同方面存在一定的困惑，呈现出危机与整合的过程。随着中国经济的发展，中国在国际事务上的地位日益提高，他们认同中国文化、寻祖问根的情绪日益高涨。许多东南亚国家的华文学生怀有到中国创业发展的理想，然而，欧美华文学校的学生与东南亚不同，他们努力改变自己的华人身份，融入主流社会。

处于青少年时期的华文学校学生，他们的自我认同过程正经历一场"危机"，这是因为青少年身体的显著变化。身体变化会影响他们的外观形象及其对躯体的自我感觉，同时还要对性关系的模式作出决定，对职业、道德、政治取向作出决定。除此之外，他们还面临国籍与血统的文化认同问题。这个问题是他们面临的最大问题，影响他们的自尊，决定他们以后的生活方式。马西亚(Marcia)用访谈法对青少年有关声望、宗教、政治信仰及性行为态度的认同状况进行评估。结果发现，青少年有四种同一性状态：(1)同一性混乱(identity confusion)，这类人还没有开始认真思考同一性问题，更不用说作出什么承诺了。(2)同一性早定(identity foreclosure)，这类人会不假思索地接受父母的或传统的观念，完全没有自己的价值判断。(3)同一性延缓(identity moratorium)，这类人正在经历埃里克森预言的危机。他们要做一个承诺，但是现在面临各种选择，仍然犹豫不决。(4)同一性获得(identity achievement)，这类人已经度过了危机阶段并做最终决定。在这四种同一性状态中，同一性混乱是最不成熟的状态，同一性获得是最成熟的状态。一项对12－24岁男性的横断研究表明，仅有超过半数的被试在24岁时达到了同一性获得状态。

华文学校学生文化的自我认同面临所在国的主流文化和族群的血缘文化的困惑，华文学校学生对中国传统文化的认同伴随着他们早年的社会化进程。有人研究华人对族群文化的认同，提出海外华人文化认同实际上就是一种社会行动，认为海外华人文化认同主要由文化范畴认知(cognition)、文化自我确认(recognition)、文化价值承诺(commitment)和文化价值卷入(involvement)四个互为关联且又相对独立的要素构成。

(二) 自我文化认同的过程

海外华人对中国传统文化的认同以生存的必要手段为起点，逐步向精神世界拓展，最终固定在文化的核心价值上。杨宜音(2002)研究归纳出三个阶段，祖籍地与亲属关系、方言与语言、宗教习俗与信仰价值。华文学校的华人子弟对自我文化的认同，从小到大，伴随着社会活动领域的扩大，认知发展阶段的变化，也经历了相似的具体认同过程：

一是从祖籍地认同、亲属认同发展演变成为华人群体社会经济政治利益认同。

外出谋生和发展使得早期的华人遇到困难积极寻求强烈的

社会支持,信赖血缘与地缘关系,引发亲缘和祖籍地的认同。由于这些认同与血缘关系和地缘关系中包含的自己人区分系统(杨宜音 1998,2001),它给华人带来的是互助的义务、信任以及亲情,而这些恰是身在海外的异乡人最为认同和信任的纽带,表现为地缘组织,包括会馆、同乡会等乡团。华人社团的发展,吸纳华人的参与,形成政治经济联系的利益共同体。虽然加入所在国的国籍,但心理上仍然寻求的族群归属和依赖,使华人的自我文化认同结构呈现出主动建构的特点,即在国家政治上认同所在国的前提下形成华人的文化认同。华人子弟亲历父母的创业过程,目睹家族及地缘关系的支持,尤其是参与华人社团的礼俗活动,推动他们由祖籍亲缘认同过渡到华人社团的认同。

二是由附着在祖籍地认同和亲缘认同上的方言认同发展演变成为语言认同。

方言认同是附着在祖籍地认同和亲缘认同之上的标志性符号认同现象。交流的畅通是社会互动的基础,语言承担着沟通的媒介,尤其是方言,具有辨识祖籍地的明显特征。方言的区隔性增强了区域之间的壁垒,增强了方言区内群体的一致性,形成内群体(in-group)认同。密切交流的需要促进了口头与书面语言的使用,交往的扩大引起方言的融合,最终获得公认的、规范的语言认同。

华文学校的学生首先依据熟悉的方言、面部特征获得自我身份的认同,进入华文学校学习、交往不同地域华人。加上接触华文传媒的影响,华文语言获得华文学校学生的认同。华文语言的认同成为族群身份认同的重要参数。华文学生族群内成员的语言认同为个体自我的文化认同奠定了重要的基础。

三是由宗教认同、习俗认同发展演变成为信仰认同、价值观认同。

由于中华文化中民间宗教与民间信仰有着特殊的功能，华人的宗教认同也与世界上其他民族的宗教认同的特点有所不同。这不仅表现为华人的儒、释、道三教合一，民间宗教和民间信仰中包含了华人的世界观、社会观和个人观，表现为信仰与生活习俗、文化价值之间大量和深入的相互渗透、干预，表现为华人对中华民间习俗、民间信仰的坚持以及价值观念的秉承和发扬。例如，华人的庙宇宗祠往往是华人最初的聚集场所，从而成为宗乡组织的发端，一些姓氏公会、地方会馆以及学校往往就在庙宇宗祠的基础上扩建形成。由于在庙宇宗祠进行的信仰崇拜活动具有社会整合功能和亚文化传递功能，华人的宗教信仰认同与祖籍地认同、亲缘关系认同、方言认同相互强化，更加突出了它作为文化认同的重要构成及作用。

华文学校的学生参加华人社团的各种礼俗活动，如祭祖、节庆、宗教等，通过服饰、饮食的特色，培养文化的价值观。华文学校的学习，从语言的解读到文学历史的阅读，强化华文学校学生的信仰认同和价值认同，从而建构他们精神的归属感和自我身份的同一性。

（三）自我文化认同的表现方式

海外华人对中国文化的认同，主要通过他们参与各种华人社团活动，公开承认自己价值取向、偏好的文化兴趣以及关注的事物表现出来。这种富有特色的社会行为，反映了华人及其子弟明确的自我文化认同倾向。华文学校学生建构的自我同一性，影响他们人格的模式和信仰的追求，决定他们的行为方式。

结合陈午晴有关研究[①]，华文学校学生自我文化认同表现在以下几方面：

(1)乐于接受华文学校的教育，偏好中国传统文化。

海外华人，尤其是东南亚的华侨，他们的子女受华文社区以及家庭的影响，偏好中国传统文化，这种偏好方式可能具体表现为：乐于接受华文教育，喜欢解读中国历史，爱好中国传统的文学、艺术及娱乐形式（如琴棋书画、曲艺杂技等），主动接触华文媒介，忠实保持中国传统文化的有关习俗（如传统的衣、食、居住方式以及婚、丧、节日礼仪等），接受中国传统的某些宗教和民间信仰方式，其实质是认同中国文化核心的价值观。

有的华文学校学生到中国留学，接受高等教育或职业技术教育。近几年，从东南亚国家的华文学校到中国学习的人数增加。他们对中国文化的喜爱、认同，推动中华传统文化的传播。

为满足海外华人学校的发展，中国向海外培养输送大量的华文教师，许多孔子学院在海外成立。这些举措大大满足海外文化对中国文化的接纳和认同心理，促进了华文教育的发展。

(2)关注祖籍渊源及祖籍地的发展。

海外华人都比较关注自己的祖籍渊源，具体的表现方式有：探亲寻祖或修订家谱，与祖籍地亲戚通讯来往或给予资助，有些老一辈海外华人经常表达“叶落归根”的情愫。需要指出的是，绝大多数海外华人还是主张“落地生根”的。“叶落归根”和“落地生根”，在文化认同的意义上并不是逻辑的对立面。随着中国经济的快速发展，华文学校学生积极关注祖籍地的发展，了解中

① 陈午晴《海外华人文化认同的社会心理分析》，《社会心理研究》2002年第4期。

国政治经济的信息。

(3)积极参与华人社会的公共事务。

海外华人普遍热心参与当地华人社会的公共事务(如参与办学、媒介传播、宗教事务等),以及参与各种华人社团组织。以马来西亚华人社团组织的发展为例,截至1890年,马来西亚华人人口有39万多,华人乡团组织(包括各种宗亲会馆、同乡会、方言群体)有77个;至1941年,马来西亚华人人口增至241万,华人乡团组织已有241个;至1991年,马来西亚华人人口为526万,华人乡团组织发展到769个。随着时代的推移,每个华人乡团组织自身的成员数量也是逐渐增长。

更重要的是,随着海外华人整体利益的牵动和发展,许多华人乡团组织逐渐整合,开始出现代表整个地区海外华人社会的经济、文化、政治组织,如马来西亚华人总商会、全国华文学校教师联合总会、全国华文学校董事会联合会、马来西亚华人大会堂联合会等。华人族群意识增强,文化认同主动化、政治化。

(4)乐意公开承认自己的华人身份。

一般来说,绝大多数海外华人都不避讳承认自己的华人身份。不过,承认的程度和形式上还是存在差异。譬如,有的人非常乐意在任何公开场合表明自己的华人身份;有的人更愿强调自己的祖籍身份,如福州人、广府人、客家人、海南人、潮州人等;有的人则喜欢在华人身份之前强调国籍身份,如泰国华人、马来西亚华人、新加坡华人等。当然,同样是承认华人身份,不同的人可能对华人身份的含义有不同的理解,如华人种族身份、华人民族身份、华人族群身份、华人文化身份等。

中国经济的发展,提升了东南亚华人的身份认同,促进了当地华文学校的发展。由于柬埔寨的经济开放政策促使外商大量涌入，尤其是中国的企业到柬埔寨投资增加，掌握华文的人有助于就业谋生，所以学习和掌握华文不仅是留根的问题，而且为华人在柬埔寨生存发展增添了新技能、新手段，这都为华文学校的华文教育发展营造了很好的社会氛围。华文学校，尤其东南亚国家的华文学校的师生认识到，承认并认同华文学校身份能提升华文学校学生的自尊意识。

(5)接纳和践行中国传统文化的价值观。

海外华人认同中国的文化，履行以中国传统价值为基础的为人处世方式。如，海外华人大都重孝道，但不会为了重孝道而放弃个人成就追求，甚至特别强调孝道与个人成就取向的密切关系。也就是说，为回报父母养育之恩或为父母争得面子乃至光宗耀祖，可能成为海外华人努力获得成就的一个极其重要的原因。

与此类似，海外华人讲人情，但不会因为讲人情而全然不顾自身的权利诉求。这说明海外华人认同中国文化，并不是机械地照搬，而是保留个体自我理解、自我创新的空间。比如，华人对中国传统文化的自我认同也呈现出历史时代的特点，在文化的认同上表现出代际差异。不仅国度不同华人的文化认同有差异，即使同一国籍也存在隔代的不同，表现出文化的碰撞和建构。

最后，海外华人对当代中国发展给予极大关注。海外华人，尤其是华文学校的师生普遍关注当代中国的发展。这种关注方式主要表现为：非常关心当代中国的发展及其国际地位，积极维护当代中国的国际形象，愿意帮助乃至直接参与当代中国的发展。

二　东南亚华裔青少年的文化认同[①]

认同(identification)是一个社会心理学概念,是指个人对社会影响的一种反应。文化认同即是指个人对某一民族文化的归属感。本文所说的"文化认同"系指东南亚华裔学生对中华文化的认同,这是他们对自己华人身份认同中的一种。这种文化认同极大地影响到他们的汉语学习动机,并因此而影响到汉语学习的方方面面,是华文教育研究中的一个重要课题。

本文将对来华侨大学学习汉语的东南亚(主要是菲律宾、印尼、泰国)华裔学生的学习动机进行分析,并将把他们对自己华人身份的认同与汉语学习动机联系起来考察。在进行研究之前,有必要回顾一下西方第二语言获得理论有关的研究成果,以及学术界对于东南亚华人身份认同的研究。

笔者认为,对来华学习的东南亚华裔学生来说,汉语是他们的第二语言——是含有母语基因的第二语言;华文教学基本上属于第二语言教学——不过,这是一种具有特殊性质的、含有母语教学因素的第二语言教学。一般来说,第二语言教学的理论对华文教学有着重要的指导意义。

自60年代以来,在心理学学术背景下形成的西方第二语言获得理论,极其重视第二语言学习动机的研究。加拿大麦吉尔大学的著名社会心理学家兰伯特(W. E. Lambert)构建了著名

---

① 本部分选自王爱平《东南亚华裔学生的文化认同与汉语学习动机》,《华侨大学学报(哲社版)》2000年第3期。

的“第二语言学习的社会心理学”理论[①]和“双语心理学理论”[②]。他把学习者学习第二语言的动机分为两种类型：实用型(instrumental)——由于学习目的语会带来实际利益或好处而学习；“整合型”(integrative)——对目的语的文化或使用目的语的群体产生好感、兴趣，希望成为该群体的潜在成员。他研究加拿大蒙特利尔说英语的高中学生学习法语的过程，经过大量的测试与分析，他发现：“如果出现了整合的倾向，它就会使人明显地保持一种强烈的学习另一种语言的动机……那些具有整合动机的学生要比只具有工具动机的学生学习法语的成绩更好。”他认为，“如果一个学生想要学习另一个共同体的语言并想学好它，他必须愿意而且能够采纳代表另一个语言文化集团的行为方式，包括言语方式……一个人成功掌握第二语言之日，也是他逐渐采纳具有第二语言文化群体特色的各种行为之时。”

在兰伯特研究的基础上，盖尔斯(Giles H.)及其合作者进一步对多语国家第二语言学习和使用情况进行调查研究，他们的结论是：第二语言学习的成败取决于学习者的学习动机，取决于学习者是否具有兰伯特所说的“整合型动机”，即取决于学习者对目的语的语言—文化集团的社会心理倾向是否具备“整合型”的取向，是否能够积极主动参与第二文化的团体及社会的

---

① Lambert, W. E. 1963. Psychological Approaches to the Study of Language Part Ⅱ: On second Language Learning and Bilingualism[J]. *Modern Language Journal* 14.

② Lambert, W. E. A. 1967. Social Psychology of Bilingualism[J]. *Journal of Social Issues* 23.

生活①。

另有苏曼(Schumann.J)的研究认为第二语言获得是一种逐渐适应第二语言的文化,即文化合流的过程。第二语言获得是文化合流中的一个方面,一个人能将自己的文化与第二文化合流的程度决定了他第二语言获得的成败。苏曼还提出第二语言获得是由学习者与所学语言的文化之间的社会及心理距离所决定的。其中,社会距离是学习者在与第二文化的社会成员接触时产生的,包括学习者与所在国成员是否具有平等地位,两种语言的使用者对对方的态度,学习者的母语文化与第二语言文化间的差异的大小,第二语言学习者是否期待长期居留所学语言国等,这些因素均可影响学习者的社会距离。影响心理距离的因素则包括语言障碍、文化障碍、学习动机等方面。学习者与所学语言的文化之间的社会及心理距离越近,第二语言就越容易获得。反之,如果学习者的社会距离大,则只能接收少量的语言输入;心理距离大,则不可能将所听到的第二语言应用在自我表达之中。②

Lambert(1967)还用大量的测试和分析证实了这样的观点:"要求在交际中主动使用语言的技巧,比如发音准确程度、听力,则主要取决于学习法语的整合动机的强弱,在这种情况下,语言学习能力的大小是不重要的。"

Giles(1982)进一步证实了,学习者学习第二语言的过程实

---

① Giles, H. 1982. *Language Ethnicity and Ineergroup Relations*[M]. New York: Academic Press.

② Schumann J. 1978. *The pidginization process: A Model for Second Language Acquisition* [M]. Rowley, MA: Newbury House.

际是不断地调整自己与本族文化及第二文化间的关系和看法的过程。持有"整合动机"的学习者愿意并能够积极主动参与第二文化团体及社会的生活，他们就能调整自己语言的内在系统以适应所接触的语言，逐渐减少突出第一语言，第二语言的进步就会出现。

第二语言获得理论对学习动机、学习态度的研究成果给予我们深刻的启示：如果第二语言学习者持有"整合型"学习动机，对目的语及其所代表的文化怀有好感、亲近感，希望去了解这种文化并参与第二语言—文化集团的活动，甚至希望成为这个集团的一员，那么他们就会激发出强烈的、持久的学习热情和动力，无论他们天生的语言能力强或弱，他们都将会比其他学生获得更好的第二语言的学习成绩和实际运用能力。那么，目前来华学习汉语的华裔学生学习的主要原因与动机是什么？他们对汉语赖以生存的文化母体——中华文化持什么样的态度？这与他们的华人身份认同有无关系或有何关系？研究清楚这些问题理应是成功地进行华文教学的重要前提。

文化认同是东南亚华裔学生多重身份认同中的一种。从50年代开始，东南亚诸国加紧从政治、经济、文化、教育诸方面同化华人的步骤，华人的身份认同呈现出极其复杂的情况，国际著名海外华人问题专家王赓武教授80年代提出东南亚华人多重身份认同的理论①，指出常见的多重认同有4种：国家认同、文化认同、种族认同和阶级认同。国家认同是指在政治上效忠居住国。种族认同是指对华人种族（或族群）的认同。阶级认同

---

① Wang Gengwu. 1988. The Study of Chinese Identities in Southeast Asia. *Changing Identities of the Southeast Asian Chinese Since World War* Ⅱ.

是指对华人的中产阶级经济规范的认同。文化认同有两类规范，第一类是华人认为作为华人，对他们具有约束力的华人文化规范，包括学习华文、维持家庭关系（特别是通过遵从有关生育、婚、丧的规范来维持），以及对宗族、地域及其他加强华人社会团结的类似组织的支持；第二类是华人认为有用并有必要接受的那些现代文化规范，包括华人社会以外的教育标准和职业结构，还有非华语的外语技能，甚至还包括宗教皈依及所有各种反映多样化社会复杂性的社会习俗。这些专业化的表述，简言之，文化认同的两类规范，第一类可以看成是中华传统文化规范，第二类则可看成是现代中华文化规范。王赓武教授认为，“这四种认同的每一种，不论其为国家、文化、阶级还是种族，都有时被用来作为代表华人身份认同的一种新方式。不过一般说来，人们也都承认，绝大多数华人可能每一种认同特征都有一些，而这些概念没有一个足以表达实际上是多重认同这个混合体的全部意义。”绝大多数华人的身份认同实际上是多重认同的混合体。华人对自身认同的意识可以是互相重叠的，也可以因事态的变化而改变。①

从目前的情况来看，与华裔学生汉语学习明显有关的至少有三种认同：国家认同、种族认同和文化认同，华人的文化认同与国家认同、种族认同之间有着密切的关系。

东南亚华裔学生是华侨大学的主要生源，近几年来，由于东南亚各国对华人、华文教育政策不同，来学习汉语的以印尼、菲律宾学生为最多，还有少量的泰国、柬埔寨学生。今年四、五月

① 王赓武《中国与海外华人》，香港商务印书馆1994年版。

间，我们对学生进行了汉语学习与文化背景的调查。

我们的调查是采用访谈、观察与问卷三种方式相结合的方法来进行的，调查人数共102人，国籍分别为印尼、菲律宾和泰国，年龄从9岁至40岁。

考虑到调查对象许多年龄较小，抽象概括能力有限，我们在设计问卷中的汉语学习动机、目的时，尽可能具体化、细密化，列出了14项学习目的，其中非实用性目的6项，实用性目的7项（包括职业性目的5项，非职业性目的2项），另有一项无明确目的；同时采取按自己认为的重要程度“打分”的办法。

统计结果表明，选择“是华人就应该学习汉语”的人最多，占总人数的98%；同时分值也最高，不管哪个年龄组均如此。

除此之外，其他选择的情况如下：

年龄组	第一位	第二位	第三位	第四位
9岁—15岁	父母长辈的要求	非实用性目的	非职业性实用目的	职业性实用目的
16岁—19岁	非实用性目的	父母长辈的要求	职业性实用目的	非职业性实用目的
20岁以上	职业性实用目的	非实用性目的	父母长辈的要求	非职业性实用目的

“是华人就应该学习汉语”，这首先是华裔学生对自身族群——华人身份的认同，即种族认同；同时也是基于对自身的种族认同而产生的一种文化认同。在这里，语言即是文化，会说汉语就是华人的一种标志。因此，“是华人就要学习汉语”，这就是华裔学生基于种族认同和对中华文化认同而产生的汉语学习动机，选择人数之多以及分值之高，说明目前来华学习汉语的华裔学生尽管已数代远离中国，但大多数人对汉语以及中华文化仍有本能的认同感。

除此之外，对父母、长辈要求的遵从构成15岁以下年龄群学汉语的第一大原因；而且在16岁至19岁以及20岁以上的年龄群的选择中，“父母长辈的要求”也占有重要的地位，应该可以说明：第一，在华裔儿童因年龄小，自己无法或难于作出独立选择时，父母、长辈的要求对于他们的成长起着非常重要的决定作用。第二，华裔学生对父母、长辈是十分尊重的，这也明显地反映出中华文化的熏陶作用。第三，父母、长辈的教导对于传承中华文化起着不可替代的作用。9岁的儿童就懂得“是华人就应该学习汉语”，这种本能的认同从何而来？这只能是从小就受到长辈的教育及家庭影响的结果。

对访谈和调查的观察也证实了这一点。菲律宾学生中有一位10岁的小女孩，她的母亲为了使女儿克服想家和生活上的不适应，坚持在中国的学习，在一个半月中，仅打电话就花费了3000多元(人民币)，另外还发了两次传真、三次电子邮件。还有两位被称为“拾来的”菲律宾小学员，一个9岁、一个10岁，是表兄弟。本来他们的外婆带他们来探亲旅游，恰在厦门机场遇到从菲律宾来的青少年汉语学习团，外婆好说歹说，无论如何要求让孙子、外孙入团学习汉语，最后终于如愿以偿才放心地离去。类似的事例还很多，由此可见，家长促成孩子汉语学习的作用不可忽视。

目前的东南亚华裔至少已在居住国生活了三代以上，他们早已加入了居住国的国籍。那么，他们的国家认同，即对居住国政治上的效忠与对中华文化的认同有何关系？对学习汉语的动机有无影响？这也是华裔学生汉语学习动机调查研究中的一个重要方面。为了解这方面的情况，我们在问卷中设计了这样的问题：

你认为自己是：

A.居住国人？ B.中国人？ C.华人？ D.居住国籍华人？

E.说不清楚。

菲律宾学生在回答上述问题时，显示出很强的菲律宾国民意识。他们自认为是“菲律宾华人”，首先强调是“菲律宾人”，然后才是“华人”。在菲律宾与中国有争端的问题上，有94%的人完全站在菲律宾国家立场上。他们对菲律宾在情感上有很好的融合度。愿意与菲律宾人多交朋友，赞成与本地人通婚。这些均未妨碍他们认为“是华人就应该学习汉语”。

泰国华裔学生在回答上述问题时，认为自己是“泰国人”而未选择“华人”的占66%，这与泰国一个世纪以来强有力的同化政策有关，“对大多数泰籍华人来说，他们的多重认同是以强有力的规范的国家认同为指导的”①。不过他们依然能写出自己的祖籍地，全都认为“是华人就应该学习汉语”。显然，当涉及语言、文化时，他们仍然认为自己是华人。

由此可见，菲律宾、泰国华裔学生的国家认同——对所在国政治上的效忠，与华人身份认同、中华文化认同并行不悖，并未影响到学习汉语的动机。

印尼籍华裔学生的情况有些复杂。问卷回答中，对自己的身份“说不清楚”的占8%，选择“华人”而不选择“印尼籍华人”的占67%，即便选择“印尼籍华人”者也认为：“他们”怎样都不把我们当印尼人！1998年发生的那场排华暴乱，极大地挫伤了他们对居住国的感情，而且造成了他们对自己身份认同的困惑

① Wang Gengwu. 1988. The Study of Chinese Identities in Southeast Asia. *Changing Identities of the Southeast Asian Chinese Since World War Ⅱ*.

和痛苦。从另一方面看，印尼政府对华人长期实行的“斩草除根”、强迫同化的政策又从反面促成了华人的“华人身份认同”。从调查中得知，冒着各方面的危险，用各种方式为子女补习华文的占86%。这些情况不仅影响到印尼华裔学生学习汉语的动机、目的，也影响到他们汉语学习的全过程的方方面面。华文教学理应在他们解决自己的身份认同、确立自己的人生位置方面给予尽可能多的帮助。

在调查中，还可以很清楚地看到华裔学生汉语学习动机的一些重要特点：其一，整合性动机明显强于实用性动机。无论哪个年龄组，也无论哪个国家的学生，非实用性学习目的的总分均超过实用性学习目的。其二，在华裔学生身上，学习汉语的“实用动机”与“整合动机”不是分离或对立的，而是自然地融合在一起。从20岁以上年龄组的情况看，“职业性实用性目的”是与“是华人就应该学汉语”并列的。当前世界经济的大气候和中国经济的高速发展使汉语的经济价值不断提升，才有可能使得学习汉语有了“职业性实用目的”。这种实用目的的实现，对华裔来说，又自然而然地与他们对祖籍国的感情紧密相联。这是与一般的第二语言学习者的情况不相同的。这些特点产生的原因即在于他们“华裔”的身份和由此产生的文化背景，他们不单纯是学习第二语言，而是在学习他们的“祖语”（不是一般的母语）。对此我们在华文教学中一定要予以高度的重视。

综上所述，华裔学生学习汉语，经历了从被动地遵从父辈的要求到个人主动的、自觉地对汉语及中华文化认同的过程。可以这样认为，对他们来说，学习汉语的过程实际上就是逐步对中华文化认同的过程，学习就是认同。作为华文教育工作者，应该充分认识到华裔学生文化认同在汉语学习过程中的重要性，不仅将重视中华文化认同当成华文教育最终要达到的目的，更为重要的是要帮助学生尽早地、尽可能地实现这种文化认同，并使之内化为进一步学习的强烈动机，使学习“你们的”中文转化为学习“我们的”语言文化。

三　欧美华裔青少年的文化认同[①]

（一）调查的意义、目的、对象及方法

海外华文教育对于中华文化在海外薪火相传的重要意义不言而喻，但是，在具体的教育过程中，却常常会碰到如何向华裔子弟传授的问题。一个相当关键的问题是我们对海外华裔青少年对于中华文化认同的特点不甚明了。他们究竟是如何进行文化认同的？他们认同的中华文化又是哪些？与传统的中华文化有何异同？他们的认同取向又是如何？汉语学习与文化认同存在何种关系？凡此种种，就目前华文教育及海外华裔青少年的研究现状而言，均缺乏较大范围的实证性调查研究[②]。而这些内容，对于我们更好地开展华文教育，向海外华裔青少年更有效地传播中华文化，具有相当重要的现实意义。因此本课题的目的，就是通过调研，试图在特定的范围内对上述问题作出一个较

---

① 本部分选自华霄颖《汉语学习、身份意识与文化认同——海外华裔青少年中华文化认同特点调查报告之一》，《汉语国际推广论丛（第3辑）》，华东师范大学出版社2009年版。

② 华侨大学教师王爱平对印尼等东南亚华裔青少年文化与认同关系的研究、黄端铭先生对菲律宾华裔学生文化认同的调查研究，还有相关的散见论文，这些研究给本课题提供了借鉴的作用，但是它们的研究范围都局限于东南亚华裔学生。因此，本课题的研究在已有成果基础上，将范围拓展至欧美华裔青少年。

为准确的描述，进而对具体工作起到指导作用。

2007 年 7 月至 8 月，本课题组成员就课题研究的内容在海外华裔青少年夏令营成员中展开了问卷调查。本次调查选择了夏令营团员较为集中、在沪时间较长、营员汉语水平相对较高的晋元中学、东方曹杨外国语高级中学、杨浦高级中学、延安高级中学四个夏令营点，参加调查营员总数达 146 名，回收有效问卷 146 份。被调查对象百分之九十五以上是来自法国、德国、加拿大、奥地利、美国、英国等欧美国家的海外华裔青少年，因此，本次调查力图在某种程度上反映出欧美国家华裔青少年中华文化认同的一般性特点。

（二）调查基本情况分析

1. 问卷内容组成

问卷调查的内容主要包括这样几个方面：海外华裔青少年的家庭背景情况，用以分析他们的中华文化认同特点与家庭环境的相关度；海外华裔青少年中华文化认同的途径，主要调查海外华裔青少年通过何种途径了解中华文化，发生文化认同；海外华裔青少年文化认同取向，主要调查海外华裔青少年对于中华文化的兴趣取向。

考虑到调查对象的年龄及其认知特点，我们遴选海外华裔青少年日常生活中相关的中华文化细节及中华文化知识内容①，借以管窥欧美地区华裔青少年的身份意识、文化认同内

① 本问卷中的“中华文化知识”包括历史、地理、文化三大类内容。这与海外华裔青少年接受华文教育时的情况一致。在海外华校的课程设置中，中国历史、地理都是中华文化的一部分。另外，国侨办举办的海外华裔青少年中华文化知识竞赛就包括历史、地理、文化三部分内容。

容、认同途径等有关中华文化认同问题的一般性特点。

2.问卷基本情况分析

此次调查涉及的对象基本特征如下：

(1)国籍(或来源地)分布

此次调查涉及的调查对象的国籍或来源地情况详见下表。

表1　调查对象国籍(来源地)分布

国籍(来源地)	人数	总人数
法　国	65	146
德　国	33	
加拿大	24	
奥地利	10	
美　国	8	
英　国	3	
马来西亚	2	
新加坡	1	

(2)年龄及性别分布

在我们的调查对象中，从年龄上看，最小的营员为9岁，是德国夏令营团领队的女儿。据统计，10岁及以下营员仅为1人，11岁至15岁的营员有84人，略高于16岁至20岁年龄段的营员，后者为61人，其中18岁、19岁的营员有11人，20岁的营员仅为2人。究其原因，10岁以下的孩子，家长普遍认为其生活自理能力稍差，不适合远离父母。而中学最后一年的孩子面临着考大学，学业较为繁重，因而参加夏令营的较少。升入大学的华裔子弟参加夏令营的也很少，原因也是没有时间。

从性别上看，男女营员分别为69人和77人，相差不大。

(3)回国次数

被调查对象中,百分之百的华裔青少年来过中国。他们虽然年纪不大,但是都随家人回过老家,次数最多的人已经回过10次以上。有一部分孩子是第二次回国参加夏令营。

(三) 相关调查结果分析

下面将集中从汉语学习、身份意识与中华文化认同关系着眼,对调查结果进行细致分析。

1.海外华裔青少年"中国人"的身份意识十分明确

调查结果显示,海外华裔青少年对自己身为"中国人"的身份意识十分明确。这种身份意识主要表现在两个方面:一是对于"老家"这一身份的地域性标志的明确认知;二是对于作为"中国人"主要标志的汉语(表现形式为方言或普通话)的明确认知。

对于"老家"的明确认知。虽然出生在中国的孩子所占比例极小,但是所有的被调查者都知道自己的老家,并且次数不等地跟随家人回过自己的祖籍地探亲。甚至连父母一方为土生外籍人士、一方为华人的孩子,也自豪地在调查表上写上他们华人父或母的祖籍地。我们在调查中,碰到一位女孩子,母亲为上海人,父亲为法国人,小时候曾在上海外婆处生活过几年,会说简单的普通话,言谈之中,俨然以"上海人"自居。因此,对于很多孩子而言,"回老家"是他们接触祖籍国的第一通道或者主要通道。对他们来说,心目中的祖籍国便具体化为"老家"。对于"老家"的风土、人情及其社会、经济等状况的感知便粗略地构成他们对于"祖籍国"的最初印象。而夏令营作为他们接触祖籍国的第二通道,让那些非上海籍的孩子领略了中国现代化都市的风貌。但是,在回答"对老家的了解程度"这一问题时,百分之九十以上的被调查者选择了“不太了解”。这说明，他们对“老家”的认知还是非常表面的、感性的。这是否可以间接地说明，他们对于祖籍国的了解也是如此？

对于汉语的明确认知。这种“中国人”的身份意识还十分鲜明地表现在对自己民族语言的意识上。虽然身处异国，但是华裔青少年们还是通过各种途径学习并使用自己的民族语言——汉语。当然，如果用标准的现代汉语（普通话）来要求，他们的水平并不理想：很多同学说的是方言，特别是来自浙江温州和广东、福建地区的华裔后代；很多同学对于汉字是能说不能认，更别说写了。但是，正如洪堡特所言：“语言仿佛是民族精神的外在表现，民族语言即民族精神，民族精神即民族语言，二者的统一程度超过了人们的任何想象。”民族语言在一定程度上包含了一个民族的价值观念、思维模式、传统意识等群族共同的精神因素，因而，对自己的民族语言的认同，一定程度上能强化对自己所属族群的共同文化传统的认同。在调查中，我们发现，尽管有相当一部分同学表示并不喜欢学习汉语（参见表 2），但是这些同学在回答“学习汉语的原因”这一问题时，都不约而同地选择了“爸爸妈妈要我学”和“我是中国人，应该学”两个似乎矛盾的答案，而对于“以后找工作方便”的选择，即使在回答“喜欢学习汉语”的被调查者中也并不多见（参见表 3）。这充分表明，被调查者在潜意识中已经把“汉语”作为“中国人”的典型标志。

表 2 “喜欢不喜欢学习汉语”比例表

	喜欢学习汉语	不喜欢学习汉语
所占比例	69.9%	30.1%

表3　"为什么学习汉语"比例表

选　项	排　序	所占比例
我是中国人，应该学	1	61.6%
爸爸妈妈要我学	2	45.2%
以后找工作方便	3	29.5%
喜欢学习语言	4	21.2%

（注：此题为多选题，因此这里的比例是每个选项实际选择人数占总人数的比例。）

综上，我们认为，欧美地区海外华裔青少年对于自己"中国人"的身份意识十分明确。

我们调查所得出的这一结论，与华侨大学王爱平老师曾进行的关于东南亚华裔学生文化认同问题的调查研究结果大致相同。在她对在华侨大学学习汉语的留学生的汉语学习动机的调查中，98%的东南亚学生认可"是华人就应该学习汉语"。其中的差异，应从调查对象的年龄差异及生活背景等因素加以考虑。另外，她的研究也表明年龄的差异会导致对汉语学习目的的认识有一定差异，主要体现在年龄越大，对汉语学习实用性目的的认识越深刻，两者基本成正比。①

2.华裔青少年的生活环境相对单一

为了调查海外华裔青少年的生活环境，我们专门设置了一系列问题以观察他们课余活动与交友情况。

(1)关于居住环境。通过调查，我们发现，欧美地区海外华裔青少年的居住环境大致有两种情形：一种是中国人相对集中居住；一种是居住在当地人的社区里。有意思的是，在调查中，

① 王爱平《东南亚华裔学生的文化认同与汉语学习动机》，《华侨大学学报》2000年第3期。

前者情形多发生在法国、奥地利等欧洲国家，被调查者多为温州籍；第二种情形多发生在美国、加拿大、德国等国家，被调查者父母多为上世纪八十年代后出国留学者。

(2)关于玩伴。不管是处于何种居住环境，调查显示，课余或节假日，海外华裔青少年的玩伴仍是中国孩子居多，或是居住在一个社区的华裔孩子，或是周末中文学校的同学，或是父母亲戚朋友的孩子。当然，一些孩子也表示，他们的玩伴中也有一些当地的外籍孩子。但是，相比较而言，孩子们接触较多的仍是社区或中文学校的华裔孩子。

这说明，欧美国家华裔青少年的生活环境相对比较单一，朋友仍以华裔为主。那么，家庭中的情况又如何呢？

3.家庭教育对于中华文化认同的重要性

在调查中，我们发现所有的海外华裔青少年家庭（包括父母一方为土生外籍人士的家庭）都无一例外地在日常生活中保持着中国人的传统习惯，吃中国菜、喝中国茶、吃中药、讲中国话、过中国节日、叫孩子的中国名字等等，这些生活习性，强化了孩子们对自己“中国人”身份的认同，很大程度上成了他们对中华文化知识最初的认知来源。

人类学家倾向于认为饮食习惯是某种文化形态的表层的、外显的组成部分。台湾著名学者李亦园教授曾经说过：“某种程度的中国饮食习惯可作为全世界华人在体制外观之外被辨认为华人的重要指标之一。”①事实也确实如此，海外华人并非是意识到要保持华裔特性才在生活中保持华人的饮食习惯，而是出

① 李亦园《从民间文化看文化中国》，《人类的视野》，上海文艺出版社 1996 年版。

自本能的一种生活习性。而这些，又与中国人的“家”文化紧密相连。在调查表中，所有的孩子都表示家中保持着每日吃中餐的习惯，而且都是由女性家长（妈妈或奶奶、外婆）操持家务。当然，对于中国茶和中药，海外华裔子弟则明显表现出距离感。他们对于中国茶的认知已经不仅仅指传统的绿茶、红茶，也包括“冰红茶”，现代的和传统的混杂在一起；而对于中药，百分之八十以上的孩子表示仅是看见家里的老人在服用，自己却并不想尝试。

对于姓名的认知同样显示出家庭教育对海外华裔青少年中华文化认同的影响。我们知道，对于中国人而言，姓名的重要性不言而喻。传统的中国人对于姓氏极其重视，因为其中反映着中国人传统的家族观念和血统观念。再者，姓名本身也寄寓着长辈对小辈的殷切希望，反映着中国人独特的姓名文化。调查中，我们发现，除个别孩子的姓名是用汉字写外来名字（如李莱斯）外，绝大部分的调查对象都有一个含义丰富的中文名字，且他们大都明白其含义，并都能正确书写自己的中文姓名。

通过调查分析，我们形成一个强烈的印象，就是家庭教育在海外华裔青少年的文化认同中扮演着十分重要的角色。可以说，海外华裔青少年的身份意识打上了家庭教育的烙印。

我们知道，对于“老家”的重视实际上是中国人传统的地缘观念的遗留。历史上，传统的海外华人就是依靠地缘、血缘、业缘三大纽带紧密连接在一起的，其中地缘发挥了极大的作用。老侨所建立的华人社区至今依然还维持着地缘的纽带作用。而在新移民中，我们也仍然可以看到“XX 省美国同乡会”之类的社团，虽然他们也许并不是从老家出国。这说明地缘的力量在海外华裔中依然巨大。而对于海外华裔青少年而言，这种地缘观念的获得，往往就是在家庭环境中，通过回老家、参加社团聚会等得到强化，从而由地缘认同进一步深化到“中国人”的身份认同。

再者，海外华裔青少年对于作为族裔语的汉语言的认同，也是与家庭教育不可分离的。大部分的孩子在回答“为什么学汉语”这个问题时，都会选择“爸爸妈妈要我学”这个选项。这说明，学习汉语并非他们所愿，加上汉语的特点造成的学习困难，一部分孩子并不愿意学习汉语。但是对于长辈的意志，他们多数会遵从。这一切，应该说都是家庭教育的功劳。而在家庭教育中父母所遵循的一般都是具有中华传统道德准则特征的行为规范，如尊老爱幼、读书至上等，而孩子们也正是从这些观念中间接地接触到传统道德准则。

综上所述，我们认为，在启蒙阶段，家庭教育对于海外华裔青少年的中华文化认同起到了相当重要的作用。

（四）结论与启示

海外华裔青少年的身份意识比较明确，主要集中表现在对于“老家”和“汉语”的认知上；汉语学习在某种程度上强化了他们的身份意识；汉语学习的动机往往来自于父母长辈的愿望，因而家庭教育在华裔子弟身份意识形成及文化认同上都起了十分重要的作用；另外，家庭日常生活中保持的中华传统饮食习惯及生活方式也加强了华裔子弟对中华文化的认同。

这些结论对我们如何更有效地开展华文教育工作也有启迪意义。华文教育是维系海外华裔青少年与祖籍国感情联系的主要手段，担负着中华文化薪火相传的重任。对海外华裔青少年进行中华文化的宣传教育是华文教育的重要内容之一。说到教育，一般总会联想到学校教育。而我们的调查表明，欧美的海外华裔青少年都进入当地国家的主流学校学习，在全日制学校教育中，他们很难学到有关中华文化的系统知识。虽然在课余时间，他们大都进入中文学校学习，但学习内容以汉语为主，中华文化知识只在语言学习中稍有涉及。在我们的调查中，只有一所学校单独开设了中华文化课程。在另一个对中文学校教师展开的调查中，我们也设计了此类问题。结果表明，大多数学校目前并未单独开设中华文化课程，主要原因是：介绍中华文化语言相对较难，学生不容易接受；对于系列性的讲授传统文化知识，学生没有兴趣；缺乏合适的文化教材等。教师们普遍认为目前的情况下，学生获得中华文化知识的途径主要是家庭教育。这一观点与我们对学生的调查结果相符。因此，我们认为，必须在学校教育中加强对海外华裔青少年的系统性的中华文化教育。这一点，在东南亚很容易做到，因为东南亚的华裔孩子可以去全日制的华文学校就读，可以接受到系统的中华文化知识教育。但是，在欧美，华裔青少年一般都进入当地主流学校就读，华文教育只在课余时间或者周末进行，要单独开设文化课，时间并不容许。一般情况下，中华文化内容都是在语言教学中附带进行传授。[①] 但是，如何与语言教学结合的形式值得研究。美国双双中文学校校长王双双编写的中文教材在高年级将历史、地理、文化、文学、科普等知识编写成语言课本，就是一个很好的尝试。

其次，正规的系统的文化教育固然重要，但还必须研究适合

---

① 在第五届国际华文教育研讨会上（2007 年 11 月，山东青岛），对于海外华裔学生的中华文化教育途径的讨论，仍然集中在结合语言教学进行的观点上。

海外华裔青少年的年龄特点、心理特点，符合他们兴趣爱好的中华文化教育途径。海外华裔青少年正处于身心生长发育的年龄阶段，好动、兴趣广泛、感性认识强于理性认识，喜欢接受快节奏的借助于视觉形象展示的媒体途径，如动画片、故事片等，也喜欢韵律优美的流行歌曲，这些都给华文教育工作者以启示——如何丰富华文教育的媒介手段。

再次，必须充分借助社区教育的功能。我们的调查显示，欧美国家华裔青少年的生活环境相对单一，他们课余时间交友活动的范围基本局限在社区环境中。因此，如何有效地利用社区活动进行中华文化教育是值得探索的。最近几年，随着中国经济的迅猛发展，中国在国际上的政治经济地位显著提高，一些社区常常会在中国的节日组织大型的文化活动。这些活动不仅吸引了社区内外大批对中国有好感的当地居民，对华裔孩子来说，同样是很好的教育机会。家长和周末学校的教师们完全可以利用类似的活动，使年幼的孩子得到教育，鼓励年长的孩子通过参与活动加深对中华文化的理解。另外，如果有条件，社区的报纸刊物可以考虑增加些华裔孩子喜闻乐见的汉语故事、儿歌等汉语阅读材料，以增加他们接触汉语和中华文化的机会。

第三章

语言课中的文化因素

第一节　语言教学与文化因素的关系[①]

一　“语”“文”“道”的含义及其相互关系

汉语文教育中“文”与“道”之争由来已久，尽管前人早已达成了“文以载道”和“文道统一”的共识，可是直到今天，它又被赋予新的时代内容而重新提出，引起的争议也很多，成为涉及语文学科性质和语文教育发展方向的一个值得探讨的问题。

长期以来，人们对语文的理解主要有三种观念：一是传统语文学把“语”和“文”理解为“语言”和“文字”，侧重于文献资料的考证和故训的寻求。这门学问，在我国古代习称为“小学”，它是包括了文字学、训诂学、音韵学、校勘学、考据学等在内的一门综合性学科；二是把“语”和“文”理解为“语言”和“文学”，把语文课看成是语言教育和文学教育的语言文学课；三是把“语”和“文”理解为“语言”和“文章”，把语文看成是语言文字知识和成篇各体文章之学。

我们倾向于把“语文”理解为“语言”和“文章”。这一观念超

---

① 本部分选自陈荣岚《对华语教学中“语、文、道”的再认识》，《海外华文教育》2000 年第 3 期。

越传统语文学的狭小天地，既涉及语言工具，又涉及言语作品；既包容语言文字，又包容文学和非文学的各体文章；既把握语文形式，又研究语文内容；既揭示语文知识和技能的本体规律，又探讨学用语文的主体素养。总之，将“语”和“文”理解为语言文字和其各种表现形态（口头语、书面语），较全面体现了语文这一学科工具性和人文性的复合功能，使“语”“文”和其所负载的人文要素之“道”有机地统一起来，有利于把握语文教育的发展方向。

语文的工具性由语言的功能所决定。语言是交际和思维的工具，以语言文字教学为主要目标的语文学科，其基本属性自然是工具性。通过语言文字知识和各体文章的学习，通过听说读写语言技能的训练，培养学生运用母语语言文字的能力，就是发挥语文工具性作用的明显标志。

语文又不是一般的工具，它是表情达意的工具。汉语文学科对学生进行全面的听说读写训练，无论是口头的还是书面的，都包含一定的思想内容和感情色彩。即使作为语言材料的字、词、句，都不仅仅是一个个的交际符号，其本身也反映出汉民族认识客观世界的思维模式、审美情趣、伦理道德、价值观和人文思想等，积淀着民族历史和传统文化。因此必须把汉语文教育同汉语言文字学科和汉语言文学学科区别开来，把语文的工具性同它所联结的人文精神统一起来，以此作为确定和贯彻教学目的、选定和使用教材、采取和运用教学方法的基本准则。

二　华语教学中“语”“文”“道”的关系

从国内的汉语文教育推及海外华语文教育，同样也存在着如何正确看待“语”“文”“道”的关系的问题。

基于海外华人社会的现状以及所在国语言文化背景和教育政策，华语教学并不是中国境内汉语母语教学在海外的延伸，而有其独特的功能和价值。

华语教学指的是“对海外华侨华人子女在居住地实施本民族语文教育”。从这一界定出发，华语教学首先就要考虑：①教学对象的特点；②所在国语言文化背景；③教学目标。然后在此基础上确定教学内容和教学方法等。

就教学对象而言，目前华裔学生多数是华侨、华人的第三代、第四代，他们习得的第一语言已是居住国的语言。华语教学对他们来说虽然是母语教学，但实际上已成为第二语言教学。同时，由于华人社会的历史传衍和语言文化积淀等因素的影响，他们学习华语时又与一般外国人在感受和理解上有所不同。

就语言文化背景而言，华裔学生在当地社会生活中多倾向于所在国的语言和主流文化，在对本民族语言文化的认同上往往处于被动地位。华语教学只有纳入当地教育体系和主流文化中，才能获得生存和发展的条件。

就教学目标而言，海外华教界人士普遍认为，华语教学不能局限于汉语言文字教学，它同时肩负着传承本民族文化和服务当地社会的重任，应将“培养具有中华文化气质的所在国公民”作为华语教学的目标。

华语教学“语、文、道”的关系可以归纳为：以语为首、以语带文、因文明道、因道悟文。

“以语为首”，是说鉴于华裔学生的语言现状，突出和强化语文工具性功能，将传授汉语言文字知识和培养学生听、说、读、写华语的能力作为华语教学的首要任务。

“以语带文”，是说语言文字的工具性不能与其表现形态和所负载的人文性割裂开来。汉语言文字不仅是识“文”的前提，又是传承中华文化的媒介，同时本身就是中华文化的组成部分。华语教学中的文化内容或文化因素是寓于“语”和“文”之中的，而不是游离于其外的专门文化知识。

“因文明道”，是说在华语教学中，应善于引导学生了解、认识寓于“文”中的本民族传统文化和人文精神之“道”。

“因道悟文”，是说教学过程中借助对“文”中之“道”的阐发，又有助于学生领悟各类文章的内容及其运用语言工具表情达意的特点。

总之，学生能说汉语、写汉字并不是华语文教学的全部内容和终极目标。华文教育是海外华侨华人传承中华文化最重要的途径和方式，单靠语文的工具性功能或人文性功能都不能实现民族文化传承。只会字、词、句，还不足以了解和接受民族文化，而认识和获得民族文化首先又必须借助“工具”。华语课内的文化内容或文化因素教学显然不等同于文化课的文化教学，教学的主要目的是培养学生华语交际能力，教学方式是跟语言技能训练和交际能力的培养紧密结合为一体的，而不是专门文化知识的讲授。因此，华语教学中的文化教学应根据语文学科的特点和规律，有机地融合于语文训练中，使华裔学生在接受母语教育和掌握听、说、读、写能力的同时，潜移默化地接受本民族传统文化的教育。

三　如何在教学过程中体现“语”“文”“道”的统一

基于上述对“语、文、道”的再认识，如何在教学过程中体现这三者的整合功能呢?

有人认为,就目前海外华文教育情况而言,实现语言文字教育已不容易,又怎么能负起民族文化传统精神教育的任务呢?我们认为,也正因如此,就更需要将"语、文、道"三者统一于教学过程中,贯穿于教学目标、教学内容、教学方法、教学手段等方方面面之中。

首先,应正确处理好语言教学和文化因素教学的关系。在华语教学中,语言是基础,文化是依托。不重视语言教学,就会失去基础,也就根本谈不上华语教学。不重视文化,语言教学则会失去依托。从这种基础与依托的关系出发,华语教学中的文化因素,主要包括了两个方面的内容,一是汉语自身所包含的文化内容,二是汉语教材课文中的文化内容。前者有别于理论语言学范畴的语义学、语用学、文化语言学、社会语言学等学科知识,后者亦不同于中国历史、文化学科的专门知识。强调在华语教学中导入中华传统文化内容,并不会因此削弱语言文字的基础教学,相反地会因有了文化的依托而使语言教学有更宽广扎实的基础。菲律宾华文教育研究中心在制定中小学华语教学大纲时处理语言教学和文化教学关系的经验值得借鉴。"该大纲根据语言教学的特点,以语言技能训练为核心,对文化教学提出了相应要求。文化教学着重的是语言课中的文化因素,即那些会影响学生正确理解华语和得体运用华语的相关文化成分,那些隐蔽在语言背后、学华语时不知道就不能了解语义的文化因素"。①

---

① 《菲律宾华校华语教学研讨会资料汇编》,菲律宾华文教育研究中心 1993 年。

其次，华文教育要成为当地多元文化的组成部分，为所在国经济和文化建设服务，编入教材课文的文化内容就应该考虑当地化和实用性。也就是说，应以各国和地区华人文化为出发点，对中华文化有所选择、有所侧重，使学生能在接受母语教育的同时，吸取适合时代需要的、对他们今后在当地谋生和发展有用的传统文化精髓。例如马来西亚独中编写的《华文》课本，以民主、科学、法制观念为参照，配合热爱本邦、热爱人民以及民族和睦共处等思想教育的需要，来选择性地传授中华文化知识和华族伦理道德。新加坡重视华文的实用价值，通过推广华语运动，广泛传播华族文化，选择那些能对新加坡繁荣进步起积极作用的、以儒家思想为代表的华族传统思想和价值观念的文化内容编入华文教材。

再次，教学方法多样化和教学手段现代化，也是实现教学过程中"语、文、道"统一的重要途径。例如依据教材课文内容，运用情景教学，设置教学氛围，辅以多媒体教学手段，创造适合学生进行华语听、说、读、写训练的良好学习环境，调动学生的认知、想象和情感，让他们更好地去体会课文中"文以载道"的人文性和表情达意的情感性。

语文是一门实践性很强的学科，如果学生仅在教室的小天地和很有限的时间里学习汉语言文化，又缺少使用华语的大社会环境，是很难全面提高华语水平的，更谈不上通过华语去认同和传承华族文化。因此，还应将教学与教育结合起来，将课内与课外结合起来。菲律宾许多华校中学阶段在"华语课"外，还设置了既能扩大词汇量、又作为文化语言课的"阅读课"，阅读课的内容为中华文化的精选、中国当代社会概况和菲中关系史。新加坡、马来西亚等国在华语课外还开设了诸如公民、伦理、文学等课程，鼓励学生有选择地多阅读华文课外读物，既有助于他们提高华语水准，又可扩大文化知识面。同时，将华语教学与华人社会生活联系在一起，创造学习华语、认识母族文化的大环境。学生通过华文报刊、广播、影视以及华人社团活动等渠道，以及参加各种华文演讲、写作竞赛和文娱表演等丰富多彩的课外活动，开拓视野，激发学习兴趣和对母族语言文化认同的要求。

第二节　语言教学中文化因素的导入

壹　导入的原则①

一　*文化因素导入的切入点*

当前“华文热”日益升温，为我们大力发展华文教育提供了一个良好的契机，但实现这一任务，还需立足于华裔学生这一特定对象。海外华人经过长期不懈的努力，逐步吸收、融合了当地的文化，但他们身上仍保留着中华民族的文化传统，散发着伟大的民族精神。他们始终不忘自己是炎黄子孙，“根”的意识并未随着时间的久远而趋淡。他们送子女回祖籍国学习汉语，目的之一就是为了让下一代接触、继承中华民族的传统美德。因此，

① 本部分选自顾圣皓、金宁《文化课教学法》，《华文教育教学法研究》，暨南大学出版社 2000 年版，第 213－215 页。

华裔学生有着这样的背景渊源，自然对中国文化有更强烈的亲切感和认同感。以“认同感”为“切入点”，在培养他们汉语交际能力中，既有语言知识传授，又有继承和发扬中华传统美德的意义。

二　文化因素导入的侧重点

华文教学中的文化导入，应侧重介绍当代社会生活中那些“活”的文化习俗，即“共时文化”，对某些过时的、古代的、传统的或现实生活中少见的则有选择地适当加以介绍。语言教学的过程是训练学生掌握目的语及文化的过程，归根结底是要学生能进行交际，因此，只有让学生了解并掌握与当代生活密切相关的共时文化，才能达到教学目的，尤其在初级阶段更应该重视交际文化的教学。

三　文化因素导入的原则

1.针对性

在语言教学中导入文化因素，必须针对华裔学生在与中国人交际和在中国社会环境中生活可能发生的困难和问题。这里的关键是教师要比较熟悉中国和学生居住国的文化，有所比较，哪些是一致的，哪些是有别的，哪些是学生熟知的，哪些是陌生的。如“姓名”，姓在前，名在后，华裔学生都有汉名，当然不需介绍。对人的“称呼”方式，也不必花费力气，“先生、太太”目前极普遍，但“同志”一词的用法需适当解释。

2.准确性

介绍文化的目的是要华裔学生能正确地进行语言的和非语

言的交际，因此，介绍必须准确，才能不致将学生引入歧途。如问候，“吃了吗”、“去哪里”，学生一般不会出现问题。但问年龄，中国人也有一定的限制，在问法上，要对学生有一定的提醒，即长辈问晚辈的情况较多。

3.时间性

文化现象是有时间性的，因此，对文化的介绍也应随着时间的推移做相应的调整。处于改革开放中的中国，新文化现象不断涌现。比如“市场经济”派生出来的“讨价还价”等现象。教师要善于观察，随时总结。

贰　综合课中的导入[①]

一　在汉语教学中进行中华文化引导的必要性与可行性

语言是文化的载体，有些语言之所以优美和精彩就是因为它表现的文化品味和文化内涵。语言形式相对地说是有限的，但其所承载的内容信息却是无限的，而语言内容最深层、最核心的部分就是文化。语言形式离开文化内涵是无法想象的，同样，语言教学离开文化教学也是无法想象的。在华文教育中，汉语语言因素与中华文化因素同等重要，缺一不可。

大多数华裔学生对中华文明有一种天然的亲近感和认同心理。他们心怀强烈的寻根意识，迫切希望尽可能地了解中华文化的方方面面，因为他们从那些在异国他乡漂泊奋斗、历尽艰辛

---

① 本部分选自李善邦《文语兼顾 育教并重——浅谈汉语课教学中的文化引导》，《华侨大学学报(哲社版)》2001年第1期。

的上代华人那里了解到，语言和文化是一个民族赖以存在和发展的精神土壤和根本标志。一个民族，如果处于外族生活方式和社会环境的长期包围之中，就很可能产生文化认同的转移，甚至导致自身文化与特性的异化或消亡。为了融入主流社会，广大华人华侨学习和使用居住国的语言文字，靠拢、吸收当地文化，但决不能以放弃、丧失本民族的文化传统为代价。数典忘祖，是海外千百万炎黄子孙心理上绝对无法容忍和接受的。中华语言文化是维系海外华人族群的强有力的纽带，是族群凝聚力、向心力的源泉和象征，使其薪火相传，是海外华人社会的共同心愿和不懈追求。而这也正是驱使一批批华裔学生不远万里回到祖籍国求学的内在原动力之一。他们对中华文化的热切向往和自觉认同，成为我们在语言教学中进行文化引导的前提和基础。我们完全应该充分考虑和尊重他们的情感愿望，也完全可以充分调动、利用和激发他们自身潜在的悟性好、感受力强、主观积极性高等一切有利因素，使他们语言习得与文化认知同步成长并最终取得技能掌握与人格培育的双重效益。

二 汉语中的文化因素与汉语课教学中的文化内容

目前的华文教育，对文化高度重视。一般到了中高级阶段，都开设专门的文化课，比如中国历史、中国地理、中国社会概况和中华文化常识等，内容丰富，涉及广泛。此外，还不时举办专题讲座，多角度、有重点地介绍中华优秀文化的精华。

然而，文化有其特殊性，那就是它的博大精深以及它与语言“你中有我，我中有你”的密切关系。特别是中华语言文化，彼此水乳交融，相互依存。汉语的悠久和发达，使它比其他任何一种语言更具有大容量储存、积淀民族文化的功能，也使它的文化底蕴有着不可估量的历史深度和幅员广度。[①] 单靠专门的文化课，只能部分地完成文化教学的任务，远远无法达到华文教育总目标对弘扬中华文化所提出的要求。一是因为文化课的设置相对滞后，一般要在学生具备一定汉语水平之后的中高级阶段才开设；二是因为文化课所谈的是知识专题，尽管内容丰富，但仍无法一一涉及汉语中无处不在的文化现象和文化信息。因此，文化教学的任务，必须由综合、听力、阅读、口语等语言课特别是要由作为主干课程的汉语综合课来承担。语言课与文化课在文化引导方面紧密配合，互相补充。

汉语课所担负的文化教学，自然不同于专门的文化课教学。在文化课中，文化是显性的，它以专题形式出现，文化信息集中、系统，而在汉语课的教学内容中，文化是隐性的，它完全包含于语言之中，作为语言的部分内涵或背景存在。了解这类文化是掌握语言项目的必要条件。

文化对语言的渗透力和影响力，首先体现在词汇方面。汉语中不少词语具有深远的历史文化背景，积淀了厚重的历史文化内容，表现了鲜明的社会情貌特色以及民族深层的社会文化心理，散发着浓郁的传统或时代气息。还有不少词通过比喻、借代、象征等修辞手段获得了一定的文化意义，具有文化学品味。这些词语是我们教学中的重点、难点，也是我们教学的兴奋点。抓住了这些词，就抓住了词汇教学的根本，也就抓住了文化教育的灵魂。在词汇教学中进行文化熏陶，这既是词汇教学自身的

---

① 金宁《华裔学生文化教学的探微》，《海外华文教育文集》，暨南大学出版社 1995 年版。

任务和需要,同时又在学习内容和学习者之间找到了一个适合他们心理需求的切入点。另外,我们常说,汉语是世界上最优美的语言之一,除了抑扬顿挫的语音语流因素外,还有一个更具说服力的理由,那就是汉语词的文学性强,文化内蕴丰富。展示这一内蕴,就是展示汉语独特的美感,突现汉语无限的魅力。比如,"伯乐"和"千里马"这两个有着同一渊源的词语,既很好地体现了我们民族珍惜人才、重视人才的优秀传统,又突出地表现了中国人思维方式中鲜明的辩证色彩。又如,"零、一、二、三、四、五、六、七、八、九、十、百、千、万"这一系列的数词及其运用,除了具有重要的数字功能外,还多方面地反映了中国人的风俗习惯和心理特征,它们"非常活泼而富于诗意,并不仅仅是科学严肃准确的"[①]。至于像"愚公移山""争分夺秒""拾金不昧""实事求是""十年树木,百年树人"这些成语[②],更是具有深刻的思想内涵和极高的精神价值,在教学中充分挖掘和弘扬这些词语、成语所蕴含的积极而丰富的文化意义,将对激发学生的学习热情、增强教学的趣味性、培养学生的中华人文品质,起到十分重要的作用。

文化也存在于汉字之中,汉字作为象形表意文字,其中不少在草创之时就被赋予了生动丰富的文化信息。随着汉字的演变发展,这些信息又吸附、衍生、演化出一些新的文化信息。许多字已不单纯具有符号学意义,而且还具有文化学品格。如果说在初级阶段,教师只需从语义角度解字释词,那么到了中高级阶段,就必定要接触到一些文化内涵,否则就不可能使学生很好地

---

① 张清《汉语的 15 个数词》,《语言教学与研究》1990 年第 4 期。

② 陈灼《桥梁——实用汉语中级教程》,北京语言大学出版社 1996 年版。

理解汉字字义和掌握汉字的生成及构造规律。举个最简单的例子，“娶”与“嫁”这两个普普通通的形声字，就形象而真实地反映了古代社会男女在婚姻关系中不平等的历史现实。

文化还存在于课文里的情境之中。不少词句，除语义学上的意义外，并没有更多的文化学含义，但当它们处于某一情境中或构成某种背景时，便不再是这些词句的简单相加，其意蕴远远超过了单个词句的语义之和。比如《中级汉语教程》①所选鲁迅《一件小事》的开头与结尾两段，语义并不难理解，但思想内蕴却十分丰富，时代背景也相当复杂。不作讲述，学生根本无法理解其真实意义。在中高级阶段，教材所选课文多为原作或经处理过的原作，语言、文风基本保持原貌，篇幅长，情节错综复杂，情境中存在的文化现象大大增加了。

文化还呈现在课文的思想内容之中。中国人写文章，历来十分讲究“文以载道”，主张“文道一致，以文悟道”，注重以优美的形式表现深刻的思想内容，并达到内容与形式的完美统一。“文”是外在的语言、章法、结构、篇幅，“道”是内在的理想情操和精神境界，这是一种更高层次更有深度也更具魅力的文化形态。比如《桥梁——实用汉语中级教程》第二课《差不多先生传》通过对“差不多先生”这一虚构的反面文学形象的生动塑造，批判了中庸与惰性。在教学中，教师要分析、强调，进而让学生认识、理解“认真”的价值与意义。

此外，教材中一般还或多或少直接选入了介绍中华文化的

---

① 北京语言文化大学留学生二系《中级汉语教程》，北京语言文化大学出版社1987版。

文章作为主课文或副课文,内容涉及历史地理、风情民俗、社会变迁等。

综上所述,字词句中的文化、情境中的文化、思想内容中的文化和专门介绍的文化点这四个方面构成了汉语课文化教学的基本内容。它涉及:

1.语用文化:包括招呼、问候、介绍、感谢、告别、辞行、送行、祝贺、祝愿、邀请、欢迎、接受、拒绝、谦让、约定、称谓、馈赠、挽留等社交表达和喜爱、厌恶、高兴、愿意、满意、期盼、失望、担忧、称赞、懊悔、抱怨、庆幸、吃惊、好奇、信任、讨好、诅咒、批评、指责、质问、袒护、羡慕等情感表达的功能与方式,以及请求、要求、命令、建议、叮嘱、告诫、委托、劝阻等表达使命,还有开始话题、转变话题、强调、插话、回避、结束交谈等交际策略。

2.生活文化:日常生活呈现出来的或直接影响交际的文化现象,比如衣食住行、迎来送往、休闲娱乐、人际关系、行为模式等。

3.习俗文化:主要指具有民族或地域特色的风俗习惯,比如嫁娶、年节、丧葬、禁忌等。

4.国粹文化:指中华民族几千年积淀下来独特的或对人类文明作出过巨大贡献、影响深远的文化瑰宝。比如四大发明、中医中药、气功武术、京剧杂技、诗词书画、音乐歌舞、工艺陶瓷、建筑艺术等。

5.制度文化:比如政治、经贸、外交、军事、法律、科技、教育、文化、民族、人口、宗教、社会发展、环境保护方面的制度、政策等。

6.观念文化:包括中国人的价值取向、伦理道德、审美趣味、人生态度、思维方式、处世规范等深层的社会文化心理结构，也就是中国人的精神世界和意识形态。

7. 历史、自然文化、中国国情、社会状况及其发展变化。

三　华文教育与对外汉语教学在文化引导方面的差异

汉语课教学内容中的文化因素，包括了知识文化、精神文化与交际文化，既有历时的，也有共时的。如果说，以非华裔学生为主要对象的对外汉语教学较为重视交际文化教学，注重文化的实用价值，因而表现出较强的功利性的话，那么在以华裔学生为对象的华文教育中，知识文化、精神文化与交际文化同等重要。实用不是我们的唯一目的。原因很简单，在对外汉语教学中，学生学习的是“别人”的文化，学习目的在于克服文化差异所引起的交际障碍；而在华文教育中，学生学习的是“自己”的文化，目的在于品质、人格的锻炼、完善和升华。两者在视角、方法、内容、目的等方面都有着明显的甚至本质的区别。我们之所以在进行语言教学的同时，大力加强文化引导和文化灌输，最重要的就是为了消除学生的民族虚无感和文化边缘人心态，避免新生代华裔的“香蕉化”趋势，让他们了解、认同、承继中华优秀文化传统，进而获得一种归宿感和自豪感，并增进与祖籍国和祖籍国人民血浓于水的亲情乡情，而不仅仅是友情，最终找到自己的“根本”所在。

依据这一目标定位，我们的教学在不削弱汉语知识传授和汉语技能训练、不排斥浅层表象文化的前提下，应主要着眼和着力于挖掘、把握那些溶入汉语语言文字的血液之中的中华文化精髓，使华裔学生深刻认识我们民族主流文化最重要的基本特质，比如勤劳俭约、勇敢坚毅、锐意进取、开拓创新、仁孝礼智、谦恭诚信、尊师重教、敬老护幼、奉公守法、见义勇为、扶危济困、乐善好施、和气中庸、与人为善、团结互助、尽职敬业、宽大包容、和平博爱等，并尽可能将这些传统美德与海外华人华侨的历史、现实、奋斗历程和精神追求对照、联系起来，使学生感同身受，产生热烈的心灵共鸣。汉语课中的文化引导，也许是分散的、零碎的、无形的，但由于它与语言教学紧密联结在一起，相辅相成，彼此促进，甚至完全纳入了语言教学的范畴，两者融为一体，学生更易于也更乐于接受，点点滴滴，细水长流，春风化雨，浑然天成，对华裔青少年学生的心灵发育和人格成长，往往能起到专门的文化课所起不到的独特作用。

四 文化导入的方法

通过上面的论述，我们对对华裔学生进行文化引导的内容、目的、必要性和可行性已经有了较为客观明确的认识。那么，在汉语课的教学实践中，应该如何操作、实施呢？

至为关键的一点，就是必须从以中华文化人格教育为核心的“育人”的高度着眼，从文化所依附的语言形式着手。与专门的文化课教学不同，汉语课中的文化教学，教的当然是也只能是汉语中的文化，它隐含在汉语语言要素系统和汉语语用系统之中。教师在备课时，一定要详细考察课文中的字词和语用功能项目，确定哪些字词体现了深层的文化意义和鲜明的文化色彩，哪种表达方式具有较强的文化功能并反映了中国人的思维、情感、心态和民族性格，哪个句子、句群蕴含着复杂的社会历史背景和丰富的思想文化内涵。有了定量把握和定性分析做基础，就有可能通过讲解、操练等具体的教学环节和教学步骤，有针对性地将那些重要的文化内容一一导入华裔学生的心灵世界，于潜移默化中促进其中华文化人格的形成。

文化引导的具体方法大致有如下几种：

1. 解说法

在字词处理或课文串讲时，对相关的文化信息资源加以挖掘，直接阐释其文化意义，说明其运用规约。也可适当借助、利用影视作品或音像资料。

2. 比较法

将汉语言语中的文化现象与学生居住国语言或英语（华裔学生大都有较好的英语基础）进行对照比较，揭示文化差异，以减少学生的语用失误，消除他们的交流与交际障碍。

3. 练习法

将文化知识融入语言技能训练之中，并通过练习达到强化和巩固，比如：

甲：你的字写得不错嘛。

乙：________，还差得远呢。

A. 不客气　　B. 谢谢　　C. 没关系　　D. 哪里哪里

这只是一个最简单的语用选择题。以文化为中心的训练形式，活泼多样，不拘一格。从性质看，有机械性的、理解性的，更有创造性的；从方式看，有口头的，有书面的，还有书面口头相结合的；从目的看，有训练对文化知识的了解的，有训练交际技巧的，还有训练文化思维能力和检查文化认同程度的；从类型看，有填空、扩展、完成、连接、判断正误，也有问答、造句、写作、讨论、辩论、演讲等。丰富多彩，不一而足。其中讨论、辩论的练习效果尤为显著。教师可针对或结合课文中的文化现象或思想内涵，提出论题，启发学生思考并在适当准备之后进行讨论。学生若意见相左，还可进行辩论。教师的指导原则是既要积极往正确立场的方向引导，又要允许甚至鼓励见解独立和自由表达，求同存异，不责备求全。比如学完《桥梁——实用汉语中级教程》第二十课《三个母亲》后，教师可提出以下几个问题，供全班同学讨论：

(1)代沟的存在是必然的吗？为什么？你跟父母长辈之间是否也有生活习惯、价值观念和思维方式方面的差异？

(2) 如何消除代沟？两代人之间应如何沟通？

(3) “传宗接代”“男尊女卑”“贤妻良母”“相夫教子”“养老送终”等字眼，反映了一种什么样的社会文化？

(4) 从不同时代的三个母亲的三种不同的经历，可以看出中国女性社会地位、生活方式、价值观念和精神追求发生了哪些变化？这一变化的根源在哪里？说明了什么？

(5) 21世纪的新女性应如何看待、如何实现“自我价值”？

类似的讨论，每个单元甚至每篇课文都可以安排一次。这种做法深受学生的欢迎。它的最大优点在于其既易于操作和把握，又能够拓宽和深化，既具有明确的针对性与方向性，又有着较大的自由度与开放度。学生在接近于零干扰的条件下，想说什么就说什么，愿意如何表达就如何表达，空间很大，自主意识得到充分的展现和发挥，学生真正地成为了课堂的主体，而教师只在其中起组织者与指导者的作用，甚至教师本身也只是课堂讨论活动中与学生平等的一员。随着练习的展开和深入，往往出现许多戏剧性场面，高潮迭起，生趣盎然。

4. 实践法

(1) 课堂语言文化实践：教师设计情景，创造一种仿真的社会文化氛围，形成交际场面，给学生张口说话的语言环境，特别要求他们具有一定的文化应变能力，说的话要恰当、得体，符合中国人的社会文化心理。

(2) 课外语言文化实践活动：这是一种相对开放的文化引导方式。课堂上所有的语言文化训练都只是模拟性的，真实的文化空间要比课堂复杂得多。学生要想获得更多的文化知识，具备更高的社会文化能力，就必须走出课堂，深入社会生活的方方面面，比如参观博物馆、走访中国家庭、游览名胜古迹、参加文艺活动等等。当然，这类活动最好能结合教材所写或课堂所学。语言文化实践活动中所遇到的变数和干扰，是我们事先难以预料的，极有益于学生文化观察能力和文化适应能力的锻炼、培养，同时也可以丰富、充实和改进我们的文化教学模式。配合课堂教学的课外语言文化实践活动，是课堂教学的延伸和外化，是文化引导、文化灌输的另一有效形式，有利于实现教学的最优化，提高华文教育的质量和效益。

总之，在汉语课的教学中，我们要树立"文、语兼顾，育、教并重"的全新的教育教学观念，不但教汉语，还要教中华文化；不但要教给学生中华文化方方面面的知识，更要注重培育他们的文化品味、文化素养、文化气质、文化人格和文化精神。[①]

---

① 顾圣皓《世纪之交的华文教育——关于总结和展望的宏观思考》，《中国对外汉语教学学会第六次学术讨论会论文选》，华语教学出版社 1990 年版。

叁　阅读课中的导入[①]

对民族自然母语已经或正在消失的海外华人来说，民族认同危机、文化认同式微已是不争的事实。与此同时，我们也应清醒地看到，目前我们的对外汉语教学尚存在着这样或那样的不足。首先，“我们的学科理论，尚未突破汉语基础教育的框架，仍局限于语言技能训练上，没有把汉语言教学和弘扬中华民族文化结合起来”[②]；其次，正是由于过于重视技能训练，导致了语言能力培养与思维能力培养的相互脱节，而这一点对促进华裔学生对本民族文化认同却是十分不利的。

因而，面向海外华人的对外汉语教学应在立足交际能力培养的基础上，由表层目标向深层内涵迁移，通过教学促进华裔学生对民族自然母语的习得和对民族核心文化的体认，增强民族归属感，进而促进对民族文化的认同。

一　*假舟楫以渡，启思维以悟*

语言的学习和习得是一个漫长的心理过程，思维习惯的养成在这一过程中起着至关重要的作用。虽然思维具有全人类的共同性，但不同民族的思维方式以及对客观事物观察的视角却是各不相同的。对华裔生的汉语教学就是要在注重技能训练和

---

① 本部分选自于逄春《阅读审美——华裔生文化认同的助推器》，《长春师范学院学报》2009年1月。

② 李文生《外国学生与使用汉语情况调查研究报告·序》，北京语言大学出版社1993年版。

交际能力培养的基础上，科学、理性地探讨开启他们汉语思维能力培养的最佳路径，使他们在民族自然母语的习得中自然而然地养成用汉语进行思维的习惯，在民族自然母语和其社会母语的比较中理解、把握中国人独特的思维视角。

语言是一个民族区别于另一个民族的重要标志，一个民族的价值观、思维定式、风俗习惯等精神层面的东西，无不是通过语言而加以固化，借助语言而得到折射的。不同民族之间的交往离不开语言这一媒介，第二语言学习也一定要经过母语的过滤装置由开启到关闭的过程才能获得成功。因此，华裔学生在学习汉语的同时，也必然在接受民族文化的熏陶和洗礼，但与其他外国人学汉语不同的是，这种文化的熏陶和洗礼应是他们对民族文化的自觉回归，也是对其血脉中早已存在的民族文化因子的理性激活。对华裔学生的汉语教学就是要在培养汉语交际能力的同时，为他们架设通往民族核心文化认同的桥梁，使他们能够寻着汉语习得的路径和民族思维的线索逐步接近目的语的目标，为他们实现民族身份的自我认同和感知、体认民族核心文化创造条件。从这个意义上说，面向华裔学生的汉语教学，特别是中高级阶段的汉语阅读教学在汉语思维能力训练与培养上应给予更多的关注，这一点对具有多元文化背景的华裔学生来说尤为重要。

面向海外华人的汉语教学在培养学生汉语交际能力的过程中还肩负着促进他们对祖籍国文化认同的历史重任，而这一任务的完成不是靠苍白无力的说教和一厢情愿式的灌输，而是体现在技能训练的全过程，落实到教学行为的每一个具体行动上，在满足学习者需求的同时，为他们开辟一条通往民族文化认同的道路，架设语言能力培养与文化认同的沟通桥梁。毫无疑问，汉语思维训练和汉语思维能力培养是实现这一目标的最佳选择，中、高级汉语阅读教学是完成这一任务的集中体现。需要指出的是，我们的汉语教学是力求促进华裔学生对民族文化的认同，而不是引导他们割舍与居住国文化的联系。所谓促进就是要为他们对本民族的文化认同开启心灵的窗口，使他们在汉语学习的过程中减少其社会母语的负迁移，在获得汉语交际能力的同时，增强对祖籍国文化的认同感。所谓引导就是在潜移默化中体认、适应中国人的认知方式和思维习惯，在体认和适应中养成用汉语思维的习惯，从而实现对祖籍国核心文化的回归。

二 阅读天地阔，文化浸润深

通过汉语教学促进华裔生对民族文化认同不仅是可能的，而且是可行的，只不过我们要清醒地认识到，简单的句型操练和词语的练习虽是汉语学习的必由之路，是入门的基础，但它却无法完成缜密流畅的思维能力培养和促进文化认同这一历史重任。“因而指导他们认识中国人的某些思维特点，……引导他们在阅读中发现议论文在语言形式上的某些惯用手法、惯用词语，就无疑为他们在前进道路上树立了一个路标，在黑暗中点燃了一盏盏路灯。”①正是基于上述认识，我们认为对华裔学生思维能力训练与培养的重点应放在汉语中、高级阶段，在中、高级阶段又应以阅读教学为核心，使学生在兴趣、审美意识的濡养下自觉地步入文化认同的坦途。因此，我们的汉语教学有责任、有义

---

① 李扬《中高级对外汉语教学概论》，北京大学出版社 1993 年版。

务加大汉语思维能力训练和培养的力度，使学生在寻根的同时，通过对自我民族情感的回归和对居住国文化的不断对照构建自己民族文化认同的大厦，从而进行自我界定。从这个意义上说，阅读教学既是语言交际能力培养的手段，又是满足华裔学生对本民族精神家园建构需求的有效途径，所以阅读教学必然要在文化选择的多样性上加大民族文化色彩的浓度，在民族思维的层面上开辟新的领地。这样我们才能消除华裔学生居住国社会母语的负迁移，引领他们向民族自然母语实现正迁移，促进积极、主动的文化认同，进而达到文化自觉的目的。

唤醒或激发海外华裔学生对祖籍国文化的认同不应靠一厢情愿的说教，而应通过阅读理解实现对作品的品味和欣赏，通过品味、欣赏中的思索与追求自然而然地到达文化认同的彼岸。它既是一个由居住国文化向祖籍国文化目标一步一步接近的漫长回归过程，也是一个多元文化相比较、居住国文化和祖籍国文化理性融合的过程。毫无疑问，“不同文化背景人们之间的交往，每排除一个障碍，就意味着某种文化的理解、融合的出现。通过交往，交往主体对自己的文化都自觉不自觉地有所扬弃，都会吸收异文化的营养，滋补自己的智慧”①。因此，促进海外华裔学生对祖籍国文化的认同就必然要以语言学习的兴趣为先导，以文章阅读中的审美愉悦为主线，以汉语交际能力与思维能力互动为基础。如果不能激发学习者的兴趣，那么语言交际能力的培养就会失去动力，学生居住国母语的情感过滤装置就会启动，在负迁移的作用下使用目的语进行思维的可能也就会随

① 杨国璋《交往与文化》，《语言教学与研究》1993年第2期。

之消失；假如我们的阅读教学不能使学生在理解的基础上获得审美的愉悦享受，那么学生不但不能感受到学习的快乐，而且也不可能感受到祖籍国文化博大精深的感人魅力，更不可能产生积极的祖籍国文化认同感，甚至会因语码的误解和文化符号的误读而产生理解的偏差。要激发兴趣、调动学习的积极性，教育者就要在循循善诱之中予以适时点拨，在字、词、句中寻找文章的支撑点，在语段、语篇中解读作者传递的信息，在欣赏、品味中发掘、发现文章所承载的深刻文化内涵。这样我们才能有效地帮助海外华裔学生逐步摘掉其居住国文化的"有色眼镜"，使他们在民族母语的学习中逐渐养成用汉语思维的习惯。而一旦他们步入了这条轨道，他们就会将书本中所获得的汉文化信息与其居住国华人社会文化传统、风俗习惯加以比较，最终发现华人虽落叶生根在海外，但却与祖籍国有着永远割舍不断的血脉联系，他们民族文化的发祥地在祖籍国——中国。海外华裔学生正是在学习汉语的过程中受到中华文化这样或那样的熏陶和洗礼，通过对汉语语码的输入、解读、赏析，为他们与祖籍国的身份认同架起了沟通、联系的桥梁，同时也为他们回归到用汉语独特的视角审美，用汉民族的思维习惯思考和看待世界开辟了道路。这对海外华裔学生对祖籍国文化归属感的产生起到潜移默化的促进作用。但遗憾的是，时至今日，"语段教学是对外汉语教学中最薄弱的环节"①。而且，"在高级阶段，进行语篇水平以上的教学是十分重要的"。② 因此，加强语段、语篇的阅读教学，强化思维训练，培养审美情趣，既是对外汉语教学义不容辞的责任，

① 李扬《中高级对外汉语教学概论》，北京大学出版社 1993 年版。

② 王建勤《跨文化研究的新维度》，《世界汉语教学》1995 年第 3 期。

也是学生对目的语文化适应的必然诉求。

叶圣陶先生的《苏州园林序》为人们展示的是一幅完美的江南私家园林的画卷，而苏州园林的独特之处就在于追求游览者视觉美的设计理念，非对称性天然布局自然美的手法，山水、花木、墙、廊图画美的园艺构思，门窗及彩绘的工艺美的图案，这些无不给人以巧夺天工的美的享受。作者由总说到分说的思维线索则帮助学习者把握文章主题，理解、欣赏中国建筑文化。学习者通过对中国园林建筑文化的了解，体认中华民族讲究人与自然和谐的天人合一思想。这种由语言清新美到图画视觉美的过渡是思维缜密、视角独特、写作手法娴熟的表现，而对图画美、艺术美的赏析、享受却是文化认同的"魔力"使然。所以，要使海外华裔学生增强阅读能力，就必须引导学生准确把握作者意图，正确理解阅读材料的内容，做到阅读理解能力训练与汉语思维能力训练齐头并进，从而为学习者对祖籍国的文化认同开辟道路。要实现华裔学生由语言学习到积极地对祖籍国的文化认同的迁移，汉语思维能力的训练与强化是不可逾越的一个重要环节。只有当学习者学习目的语和使用目的语思维融为一体时，华裔生才会在心理的层面主动关闭其居住国社会母语的过滤装置，他们对自然母语和祖籍国文化的回归和认同才能成为现实。由此可见，语言教学中思维能力的训练和培养是至关重要的，离开了思维能力训练的语言教学，其效果是值得怀疑的；失去了与语言互为表里的思维训练的支撑，华裔生对祖籍国文化的认同也就会受到文化鸿沟的阻隔。所以，加强思维能力的训练与培养既有利于语言教学，又有利于促进学生对祖籍国文化的认同。这是对外汉语教学完成交际能力和思维能力培养任务的同时，担负起构建文化传播桥梁、促进文化交流和文化认同历史重担的必然选择。

三 兴趣玄机妙，审美认同真

落地生根的海外华裔学生民族自然母语已经丧失或基本丧失，他们对祖籍国文化的认同是一个由陌生、不适应到逐渐认识适应的心理过程，这种认同是随着语言学习的深入和思维训练的递进而层层深入的。随着学习者阅读理解能力的提高，其汉语言思维能力也必然会水涨船高，其文化适应能力也就会由不适应逐渐向基本适应过渡。因此从这个意义上说，文化认同具有阶段的历程性和实践性特征。与此同时，我们也应该清醒地认识到，对海外华裔学生实施的汉语言教学，虽然以言语技能训练为手段，以交际能力培养为目的，但它们都是以显性形态存在于语言教学之中的。而思维习惯的形成和汉语思维能力的培养却是隐藏在其后起决定作用的深层结构。它不但伴随华裔学生汉语学习的始终，而且是构筑其民族文化认同桥梁的决定因素。

1.历程、实践共进，能力、认同俱生

语言学习的阶段性决定了汉语思维能力培养的层次性，而思维能力对文化认同的促进作用也必然要在时间的关照下，体现出由外围认同向核心认同逐步深化的动态特征。因此，循序渐进、由浅入深的思维训练及能力培养是理性地激活华裔生民族文化认同的必然选择。所谓循序渐进就是要根据语言教学规律和语言学习规律，在总体设计的框架内有计划有目的地展开教学，根据不同阶段教学需要将听、说、读、写的技能训练与思维训练融为一体，将文化认同纳入到汉语思维能力培养的范畴内予以关照，进而通过语言能力和思维能力的训练、培养和获得促进对本民族文化的认同。所谓由浅入深就是要求我们的教学必须考虑学习者的可接受性，也就是说只有在可理解的输入的前提下，语言学习才有成功的可能，同理，也只有在可理解输入是i+1时，学习者的情感过滤才可能是最小的，他们对目的语文化的认同才不会因其社会母语的负迁移而变形。例如，成语故事是初、中级阶段汉语教学中比较受欢迎的一门课，其中的"守株待兔""朝三暮四"等都是学生耳熟能详的成语。但王蒙的《成语新编》一文也讲"守株待兔""朝三暮四""刻舟求剑"等成语，而且讲的是现代版的成语故事。二者之间虽有源与流的关系，都具有嘲讽的意味，但两者之间却有阶段的层次性不同，嘲讽对象有别，古今时代迥异。前者是后者的基础，后者是前者衍生的结果，而且学生必然要通过对前者的理解，才能更好地理解和把握后者。但后者却不是前者的简单翻版，而是在前者基础上的创新，具有独特的视角和更加现实的寓意。古人守株待兔"待"的是兔，仅仅是一只兔子；今人"待"的却是人，而且是各种各样的人。古代的寓言故事通过人与动物的关系，告诫人们凡事不能抱有侥幸心理；今天的成语新编却在警示我们，物欲横流的社会不要"太精"。要想人不知，除非己莫为……由此可见，相同语言形式可以折射出具有不同文化内涵的哲理，只要赋值合理、寓意深刻，不同的文化内涵虽可以用相同的语言形式表述，但其认识论的基础却是在螺旋式上升的不同阶段来加以认识和理解的，即借鉴前人的成果大胆创新。所以，语言教学中的思维训练和思维能力培养一定要沿着循序渐进、由浅入深的路径逐步推进，华裔学生对祖籍国的文化认同也必然要在其汉语思维能力所及的范围内方能层层深入，水到渠成。

2.兴趣、审美互动，文化认同形成

兴趣是学习的初动力，也是开启文化认同大门的有效形式。“语言学习主要表现为心理过程，兴趣是一种积极的心理倾向，它能够开发人的智力，调动人的主观能动性，使之产生积极参与的意识。”[①]语言教学就是要从培养学生学习目的语的兴趣入手，调动华裔生学习的积极性，使学生在兴趣的刺激、引导下割舍其社会母语和居住国文化的负迁移，积极实现民族自然母语的正迁移。所以，教学就应在满足需求的前提下激发学习者的兴趣，在兴趣的引导下学习、掌握目的语，在目的语的学习、习得的过程中适应汉语思维习惯，并在无意识中接受文化的熏陶。因此，兴趣的导入与培养贯穿于对外汉语教学的全过程，而且要随着教学的深入不断提升兴趣的内涵。初级阶段的教学和技能训练必然要折射出简明性、趣味性和实用性的特征。简明可以排除学习者的畏难情绪，容易获得轻松感；趣味能够激发学习的动力，可给人带来学习的快乐，让人体验到学习的愉悦感；实用将需求与应用有效地结为一体，做到学用结合，使人极易获得成就感的满足。所以初级阶段就要在简明、趣味、实用上加大教学的力度，从语言本体入手，将汉字教学、词语教学和对话教学统一于交际能力培养和汉语思维训练之中，把文化认同的理念潜移默化地体现在教学过程的始终。

由于文化认同具有历程性和实践性，因此，中高级阶段的汉语教学特别是阅读教学必然就会与初级阶段在方法、内容等方

---

① 王钟华《学习主体与外部条件》，《汉语学习》1995年第5期。

面既互相联系，又各有特色。这种特色就是建立语言与思维间的联系桥梁，疏通语言与文化认同的沟通管道，使“通常被认为在意识中是彼此分明独立的东西其实有一种不可分割性。美消除了这种分割，因为在美里普遍的与特殊的，目的与手段，概念和对象，都是完全和相贯通的。”[①]鉴于此，中高级阶段则要以审美情趣、审美能力培养为方舟，在培养汉语交际能力的过程中注重汉语思维能力的培养，在汉语思维能力的训练与培养的进程中促进民族文化的认同。只有当华裔学生在阅读中获得理解和表达的能力，他们才能接近国人汉语思维的水平，才能具备中国式的审美情趣和审美能力，才能最终向文化认同的方向趋同。毫无疑问，汉语思维能力是连接交际能力和文化认同的桥梁，虽然它与语言是密不可分的，但在第二语言学习中却常常是不同步的。交际能力以思维能力为指向，尽管思维能力是心理的，看不见的，但却是起决定作用的因素。所以，文化认同必然要以思维习惯的养成和思维能力的培养为前提，同时，它要经历语言学习的不同阶段而逐步提升，也要穿越时间的隧道经过日积月累的文化浸润和熏陶才能日臻完善。

---

① 黑格尔《美学》，商务印书馆 1983 年版。

第四章

文化课教学

第一节　总体设计[①]

一　教学理念

(一) 文化和语言的同质性

在传统教学中，语言是语言，文化知识是文化知识，两者经常以分段式与平行式教学方法来进行。如此两条直线的发展很容易使学生忽视两者之间的相关性。而文化与语言的互动助长式教学中，学生以语文能力技巧来探索文化内涵，再借由文化思维能力丰富语文能力。这样交织成网状形态的学习情境，文化常识与语言学习，在同质性上是相辅相成，在时间及空间上都能延伸彼此的学习成效。此种效应的课堂表现如下：

1.语文能力是文化表达能力的训练；

2.文化常识和学生实际生活能互相验证；

3.能与生活经验相合的语言，才能激发学生学习的兴趣；

4.教师和学生共同探讨的教学方式，使师生之间容易产生共同意识。

---

① 本节选自苏芳仪《中国文化教材应用于初级汉语课程》，《第七届世界华语文教学研讨会论文集》，台北世界华语文教育学会 2003 年版。

(二) 文化和语言的异质性

文化和语言的异质性，最常表现在个人的行为以及文化性价值观上，所有的人在运用语言时，除了文化背景的不同，家庭背景、性别年龄、性格成熟度等不一致，都会产生因观点角度的不认同，对同一主题语言诠释的方式也有所不同。在中文学校中，语文教师若本身使用其母语来教授课程(如中文)，常常很容易忽视这些华裔学生是学习第二语文，他们并没有中文的文化背景。语文教师若本身是使用学生的第一语言来授课(如英文)，而本身却没有此语言的文化背景，在传达语言的思考层次时，也常以自我观点出发，忽视了学生的文化背景。因文化和语言的差异性，在教学发展过程中，教师若不做适当的调整，便会出现教与学双方的不认同性和倦怠感。当教师很清晰地认知这些文化的差异性时，在教学理念中做适度的修正，就能发挥文化和语言的互补功能以及教师和学生之间的互补功能了。所以，文化背景与语言的差异性，以正面的观点分析，能够达到以下效果：

1. 增进教师和学生双方个人绩效和学习成就；
2. 提供教师和学生多元化思考空间；
3. 修正单一文化价值观，突破自我局限，激荡智慧心灵；
4. 开放的课堂讨论，无形中开阔了师生间互动的关系。

二　教学目标

(一) 中国文化教材与华语文教学的关联

中国文化教材包括中国历史、地理、文学、哲学、成语、伦理道德、风俗习惯、科学、食衣住行等。本文重点以初级汉语程度学生为教学对象，年龄在五岁到十一岁的学生。教学目标着重于介绍性、情意性、趣味性和知识性。期望语文教学不再是僵化式的学习，上课对学生不再是枯燥的字词练习和考试的场合。笔者在很多教学过程中发现中文学校教师往往以为这些学生早已具备了文化的认同感及常识，因为这些孩子来自中国家庭；而事实上，除了在家中与父母亲的生活对话使用中文之外，绝大多数的学生内在本质为美国文化价值观。从学生的观点来说，教师值得尊敬，但是用中国传统式的管理和反复枯燥的读写练习，对学生的启发性不足，学生常常觉得没有学到什么。一学年下来，师生双方都几乎丧失教学与学习的热情了。身处美国的中文教师如多观察学生的心智能力就会了解，学生的中文能力虽不足，但是学习能力以及成熟度早已大过课文内涵，课文内涵没有满足学习者的心理状态。

笔者撰写本文的出发点在于：

1.中文学校教师能多了解学生的学习需求；

2.中文学校教师能反省本身的文化背景与学生文化背景之间的差异；

3.中文学校教师能多用客观的态度来传达文化知识；

4.介绍文化知识给学生的教学，不是灌输文化理念让学生接受；

5.适当加入文化常识活动以调配课文读写的操练；

6.各种不同文化题材领域，经过教师适当引导，可提供学生听、说、读、写的练习机会，使得学生能在教学活动中吸收语文技能和文化常识。

（二）文化教材与语文教学结合的目的

1.多元化的学习活动，显现活泼的教室气氛；

2.文化性的学习情境，加深学习者文化智慧的涵养；

3.学生与老师双向的沟通，学生更有机会表达及参与课堂活动；

4.培养学生开放性的态度，了解到文化与语言是一表一里共同体的观念和态度；

5.培养学生多用客观态度来观察文化现象，提高多元面思考的能力；

6.避免语文学习的倦怠感。

三 教学模式

一个完整的教学活动历程，是教师经由引导、示范、带领学生参与，增加他们学习成就感，并作学生学习评量以及自我评量的一连串过程。整个流程的主要目的，就是将文化教材由浏览或背诵知识的记忆层次，经由教学活动，深入能够运用的理解层次，最后能帮助孩子活化文化知识，提升学习的思考层次。也就是利用文化教材的深度，来弥补语文教材中无法配合学生智力的缺失。文字读写操练是单调乏味的，而借由文化教材激发学生听、说能力，如此课堂不会流于教师屡屡使用高压手段的传统教学法。用文化教材进行教学主要有以下两种模式：

（一）顺向式

全班授课→教师示范→师生讨论→分组或个人活动→学习成果表扬→评量学习成就

1.全班授课——在每个教学单元,教师以讲解实际物品、图片或运用视听教材的方式,呈现单元内容。

2.教师示范——教师操作每单元的教具,例如布袋戏、面具、布偶等。

3.师生讨论——师生以互相问答、一起讨论等方式进行学习。

4.分组或个人活动——教师设计学生学习活动,如用劳作、唱游、表演、写作等加深学习印象。

5.学习成果表扬——提供学生能呈现其学习活动成果的表现机会,如作品展览、唱游表演、诗歌朗诵等。

6.评量学习成就——教师利用学习活动,给予观察、评鉴、回馈并适时地提供协助,以增进学生的学习成就感。教师亦能在学生的学习成就中,反省和修正教学历程。

(二)逆向式

教学目标的设定→学生分享经验→分配学生个人研究作业→老师教导研究方向及技巧→综合学生学习成果→共同互相学习→评量学习成就

1.教学目标的设定——教师先界定教学目标,提出问题与学生讨论。

2.学生分享经验——在进行问题研究之前,教师与学生以脑力激荡方式讨论相关主题。

3.个人研究——教师把学习的材料分配给每一个学生,同时给予指定的时间来完成。

4.研究方法及技巧——教师依据学生能力,提示研究方法,帮助学生有效地学习技能。

5.综合学习成果——最后整合个人或小组的学习成果，加以发表。

6.评量学习成就——教师设计的评鉴方式要能反映学习成果，增进原先教学目标的成效，给予学生表扬鼓励。

无论是哪一种形式的教学发展过程，教学时间、教学步骤、教学目标都可以因实际的情况加以调整。课堂活动，以个人或团体方式进行，都要以符合教学意境的环境为依据。教师以引导代替直接给予答案，让师生透过活动式的学习过程，互相鼓励、激发，共同达成学习成就，提升教与学的意愿，获得教学和学习双方成功的乐趣。

中国人的日常生活	食、衣、住、行、风俗习惯、节日
中国的历史	朝代演变、中国移民史、民族
中国的科学	医药、科技、数学、工程、四大发明
中国的文学	诗词歌赋、艺术成就、哲学思想
中国的地理	地理位置、都市、山川、河流、气候、旅游
成语	来源、故事、成语用法

乍看上表这些文化题目，教授初级汉语课程的中文学校老师，可能会怀疑其实施的可行性。初级汉语文化教材的教学计划着重于以下几点：

1.介绍性大于记忆性，教师将重点放在学生对教材的广泛认识上，不强调对教材的记忆。当学生在教学活动的过程中认知教材后，自然而然地有了深刻的印象。

2.活动性大于直接灌输性，教师以配合节令、课文或单一主题来设计教学单元。活动式的学习，提供学生听、说、读、写的练习机会，动手、动脚、也要动脑。

3.知识性和趣味性兼顾。

4.师生以沟通的方式、合作的关系来完成学习过程。

5.教师以引导学生思考的方法进行教学，而非直接给予学生答案。

教师在设计教学大纲时，可以依不同主题发挥创意，利用现成的材料，按学生的学习能力、成熟度、教学时间等来安排教材的难易度，并随时观察，督导学生的学习绩效，调整教学大纲。

四 教学活动设计实例

下面列出几项文化教材活动实例：

中国文化教材活动设计一	
单元名称	中国的农历新年
相关课程	中国人的风俗习惯、端午节、中秋节、清明节
教学目标	1.学生能了解中国新年的定义及由来 2.学生能了解中国人如何庆祝中国新年 3.学生能了解中国新年代表的涵义 4.十二生肖、年夜饭、红包、压岁钱、拜年、吉祥话、年糕、舞狮、舞龙 5.财神爷、春联、灯笼、鞭炮

本活动一般在每年的一月至二月份进行，教师安排活动时间，可以两周、每周半小时来计划。尽量利用身边现有的材料，如在当地华人超级市场可以选购到的春联、红包、鞭炮等物品作为教学资源。以下为配合庆祝中国新年的几个小单元设计：

活动目标	时间	活动内容	准备教具教材	活动的延伸
十二生肖的认识	三十分钟	1.教师讲述十二生肖的故事 2.教师引导学生背诵十二生肖 3.学生知道自己的生肖 4.学生玩动物与汉字或注音的配对 5.学生知道中国年的顺序与十二生肖的关联	1.有彩色图片的故事书 2.十二生肖图片 3.写有十二生肖名称的注音与汉字字卡	1.学生将注音或汉字与十二生肖配对 2.学生以口语复述故事 3.学生读出或写出这十二个生肖名称
吉祥话、红包	三十分钟	1.教师解释吉祥话的涵义 2.教师解释吉祥物品蕴含的意义 3.学生能背诵吉祥话 4.游戏方式、制作手工艺引导	1.红色字卡上书写吉祥话 2.吉祥如意球一只 3.红包 4.橘子、柿子、苹果、鱼、蝙蝠、花瓶	1.制作中国新年贺年卡 2.书写或画图 3.发红包
财神爷、舞龙舞狮	三十分钟	1.教师播放中国新年录像带 2.教师解释财神爷的涵义 3.教师教唱新年歌曲 4.学生舞龙舞狮游行	1.新年歌曲音乐 2.新年录像带 3.舞狮头 4.红包	1.学生制作狮头、龙头、灯笼等 2.学生轮唱《恭喜发财歌》 3.活动录影

中国文化教材活动设计二	
单元名称	中国的都市和地理位置
相关课程	中国地理知识、旅游
教学目标	1.学生知道中国在世界上的地理位置 2.学生知道中国五大都市以及长江、黄河、万里长城、五岳 3.学生知道中国几个著名的名胜古迹 4.学生能配合地图指出几个名胜的地点

本活动可以自成一单元，或穿插在平常的课程中。教师可以利用的资料有中国地图、中国旅游资料、中国地方纪念品、中

国风景图片、地球仪等作为教学资源。

活动目标	时间	活动内容	准备教具教材	活动的延伸
中国地理位置	三十分钟	1.教师利用地球仪、地图来显示中国地理位置 2.学生指认中国周边国家 3.中国附近海域 4.中国和美国相互位置关系	1.世界地图 2.地球仪 3.空白中国地图	1.学生给中国地图着色 2.常识小测验
中国五大都市:北京、上海、南京、西安、广州	三十分钟	1.教师指出五大都市的位置 2.学生熟悉其位置、天气状况、人口 3.教师显示图片 4.学生了解中国人的日常生活状况	1.相关录影带 2.相关图片 3.空白中国地图	1.天安门在哪里? 2.万里长城在哪里? 3.长江、黄河在哪里?
中国的名胜古迹:故宫、秦始皇兵马俑、长江三峡、黄山、长城	三十分钟	1.教师引导学生观看录像带 2.教师以明信片、书籍、文物、纪念品等讲述由来 3.电脑CD、DVD等辅助教学工具	1.相关录像带 2.CD、DVD 3.文物纪念品 4.任何加深视觉印象的东西	1.游戏 2.地理常识小测验 3.画图、美劳 4.模型
中国旅游	随时穿插	旅游小故事	教师口述	学生的反应

中国文化教材活动设计三	
单元名称	唐诗、中国画、中国文物
相关课程	中国语文及艺术欣赏
教学目标	1.学生能背诵一到十首唐诗 2.学生理解诗歌的涵义 3.学生知道押韵、五言绝句、七言绝句的意思 4.学生知道诗人的名字和时代背景 5.学生能欣赏中国画、中国艺术文物

唐诗因为字数少,押韵,学生容易朗朗上口。在一般课程中间,穿插教授学生背诵或欣赏唐诗,能提高学习的情绪,加深学

生对中文音韵的认识。教师能利用的教材，准备起来相当容易。市面上出版的看图念唐诗等书刊有很丰富的资料，很多中文教学网址也很容易找到教学资源。教学时能配合观赏图片、录影带、电脑CD、卡通动画、幻灯片等视听教材，学生对了解诗的意境和背景，会有更深刻的印象。

活动目标	时间	活动内容	准备教具教材	活动的延伸
杜牧：秋夕 银烛秋光冷画屏，轻罗小扇扑流萤，天阶夜色凉如水，卧看牵牛织女星。	三十分钟	1.教师显示图片 2.引导学生感觉在山上观看星星，满天的萤火虫 3.角色扮演 4.引导学生凉如水的感觉 5.引导学生念，找出押韵的字 6.学生背诵	1.图片、电脑CD 2.手电筒、扇子 3.星座图	1.环保的概念 2.安静愉悦的心情 3.没有电动玩具的地方 4.美劳制作、萤火虫、轻罗小扇
孟郊：游子吟 慈母手中线，游子身上衣。临行密密缝，意恐迟迟归。谁言寸草心，报得三春晖。	四十分钟	1.教师展示图片 2.戏剧表演 3.念诗加上动作 4.唱歌 5.缝的动作 6.配合母亲节活动 7.学生背诵	1.图片、电脑CD 2.录影带、录音带 3.针和线 4.小草和盆栽	1.戏剧表演 2.古代和现代的交通、通信方式，师生讨论 3.孝顺的观念 4.报答父母 5.劳作、缝衣服 6.种植幼苗
中国国画中的“梅、兰、竹、菊”	三十分钟	1.教师展示国画图片 2.解释中国画的用具以及文房四宝 3.中国画的形态 4.示范梅兰竹菊的画法 5.学生练习画竹子	1.中国画挂轴、图片、文房四宝 2.毛笔、写字纸 3.扇子 4.录音带、录影带 5.电脑CD、幻灯片	1.学生了解中国国画的概念 2.学生参与画图的活动 3.学生欣赏历代名画

中国文化教材活动设计四	
单元名称	中国的戏剧和小说
相关课程	中国文学、哲学、戏剧
教学目标	1.学生知道西游记中的故事、人物角色 2.学生知道布袋戏、皮影戏、京剧、国剧脸谱 3.学生参与戏剧教学活动 4.经由欣赏戏剧演出，感受中国艺术的丰富性 5.知识与情意并重的教学

西游记这本古典小说，丰富的角色性格，精彩的故事，包含了很多中国人至今还有的想法，也含有幻想、冒险的色彩，深受大人小孩的喜欢。西游记出现于传统的京剧、布袋戏、皮影戏以及现代的卡通影片、连续剧、漫画、电影、录音带故事、网络资讯中，教师很容易找到大量的教学资源。对于要引领学生进入中国古典文学与了解传统思想的途径上，西游记应该是第一站。

在此单元中的学习活动中，用游戏的心情，在不受拘束的自由气氛下，师生皆可以充分发挥想象力，提高学习的兴趣。本活动的成功依赖教师活泼生动地叙述故事，运用视听教材，使用道具，学生集中注意力和参与。角色的扮演在本活动中能促进学生熟悉教材，教师在活动的尾声设计分组常识问答，可增进学习效果。

活动目标	时间	活动内容	准备教具教材	活动的延伸
西游记角色扮演，了解故事大纲	三十分钟	1.教师展示布袋戏、脸谱面具 2.学生观赏录影带 3.教师讲解角色 4.教师说故事	1.图片、字卡 2.布袋戏、面具 3.录像带 4.角色扮演、道具	1.角色扮演 2.师生讨论 3.常识问答

（续表）

了解西游记人物性格、尝试京剧表演	二十分钟	1.观赏京剧录像带 2.教师讲解面具的代表涵义 3.教师引导讲解京剧戏剧中的象征性	1.图片、字卡 2.录像带 3.面具、道具	1.角色扮演 2.师生相互讨论 3.劳作 4.常识问答
三借芭蕉扇	二十分钟	1.教师说故事 2.学生角色扮演 3.家长的协助	1.图片、字卡 2.故事书、录像带 3.道具	1.制作录像带 2.每个学生都能参与角色扮演 3.常识问答

五　评量方式

文化性的教学活动，在考虑其评量方式时，不能不包括几个学习的相关条件，每一个条件都是足以影响教师做教学成果评量结论的因素。以下几个要点，是我们设计评量形式的基础：

1.语文的学习提供学习者工具，而文化的介绍提供语文表达的情意功能。

2.学习者的条件，母语背景、能力、动机；教学条件，教师教法、能力以及教材。

3.环境和设备，教室空间，流动方向，器材，人力运用。

4.资源的取得，教材来源，电脑和网络的运用。

评量的层面分为教学者的自我评量和学习者学习成果的评量，单一的以试卷测验的方式来评估学习成就，不是文化性教学活动的目标。以下介绍这两个层面评量的内容：

（一）教学者自我评量

教学目标	1.教学目标是否明确 2.教学目标的设定范围会不会过大或过小 3.教学目标是否低估或高估学生的能力
教学方法	1.教学方法是否能引导学生到教学目标 2.教学方法是否顾及学生的年龄、能力 3.教学方法有无多元化、多样性
教学过程	1.教学过程是否流畅，教学气氛是否良好 2.教学过程是否能吸引学生的注意力 3.教学过程是否有效率、能在预定的时间内完成 4.教室秩序能否控制
课前准备	1.课前准备是否完善 2.哪里需要再加强 3.寻求协助以增进学习效能 4.道具、器材、教具是否能达到预定教学目标
学习动机	1.能否引起学生的兴趣 2.能否激发学生多元的思考 3.能否激发学生沟通表达的能力 4.师生有无互动关系，师生能否相互享受学习的喜悦
语文和认知能力	1.学生有无学到新观念以及新词汇 2.学生有无学到新的文化常识 3.学生表达和运用语文能力是否提升 4.学生有无发挥本身语文能力的动机 5.教师是否了解学生需求 6.学生是否加强其学习语文的动机

（二）学习者的评量方式

纸上作业	教师课前准备的练习作业 1.用以评估学生的吸收能力 2.用以评估学生语文综合理解能力 3.用以评估学生语文综合表达能力 4.用以评估学生被学习活动启发兴趣的程度
听力与认知	游戏式的设计评量方式，如分组竞赛、常识比赛抢答，学生能有机会在听力训练的环境中，归纳与整理学习内容。
说话能力	师生互动式的问答教学法，学生采取主动的学习方式，运用所学的语言，扩大知识与语文字汇。教师以鼓励的态度，激发学生多元化的语文和文化思考空间。
读的认知能力	字卡和图片的运用，学生能不知不觉中吸收中文生字生词，在教学活动中，妥善安排视觉教材，能提高学生学习生字的兴趣。
团队合作	活动式的教学成功的要素在于师生互动和全体学生的参与。学生在团队中能学习到合作精神，尊重他人，接纳多元化的意见。
综合表达能力	分组竞赛、角色扮演、游戏式的常识问答等，皆能提升学生的学习效能，让学生有表达学习成果的机会。

六　结语

总而论之，中国文化和语文教学同时并行的教学法在内在取向上，提供给中文教师自我反省检讨的依据，作为下一次教学的参考；丰富教学内容的品质，无形中提高教学的效能。教师的文化知识涵养，能提高教师教学的深度。教师能在遭遇教学历程困难，或发现学生学习困难的情况下，以文化内容作为补救于语文教学的新方位。中文教师经由体验不同的教学资源，不断累积与尝试新方式，随机应变，灵活运用教材，不拘泥于固定形式，才可以不断突破自我格局，将中国语文中的技能方面、认知方面、情意方面，全面性融入中文教学当中。

外在取向，多元化的教学能够改善中文学校学生学习意愿的低落，让文化内容落实于语文教学之中，提升学习者的文化素养。教师和学生之间产生良性互动，教师和学生有多向沟通与交流的机会。教师能了解学生的需要，教师教学品质和学生学习的动机都会相对提高。课堂上的教学，教师的创造力，学生的反应等都能激发学生和教师彼此之间的多元思维能力，并扩大中文在学习者日常生活与相关经验的应用空间。

第二节　分课型教学

壹　文学课[①]

海外华文教学需要结合当地的实际，而比较视野的融入有助于提高教学效果。中国文学课在华文教学中举足轻重，它是语言学习的深入提升阶段。根据印尼建国大学中文系的中国文学课教学实践，结合中国现当代文学课、中国古代文学课、中国

---

① 本部分选自马峰、黎欢仁《海外华文教学的比较视野——中国文学课例析》，《第二届华文作为第二语言之教与学国际研讨会论文集》，2011 年。

历史课、中国电影课的教学，笔者对比较视野教学进行尝试。“比较文学是以世界性眼光和胸怀来从事不同国家、不同文明和不同学科之间的跨越式文学比较研究。它主要研究各种跨越中文学的同源性、变异性、类同性、异质性和互补性，以实证性影响研究、文学变异研究、平行研究和总体文学研究为基本方法论，其目的在于以世界性眼光来总结文学规律和文学审美特征，加强世界文学的相互了解与整合，推动世界文学的发展。”①比较文学的方法在文学课教学中运用，有助于提高学生对中国、印尼两国文学的了解，可以启发学生对两国文学进行深入的思考。

一　跨学科比较

中国文学博大精深，讲究文史哲的交融贯通。中国文学既是文人的个性抒写，也述说了历史的沧桑变迁，并不时闪现出哲理思辨。中国文学课的讲授需要注意其包容性与比较性的特点。“比较文学的跨学科研究主张文学与哲学的比较研究、文学与宗教的比较研究、文学与心理学的比较研究、文学与历史的比较研究、文学与其他艺术门类的比较研究等。”②跨学科研究对海外华文教学有很大启发，不同课程的交叉，既可以巩固所学科目的知识，也提高了学生的比较能力。目前，印尼学生的总体中文水平还不高，课程主要侧重于语言技能的培养，如听力、口语、阅读、语法等基础课程。对学生而言，文学、历史、地理、文化等课程是比较难理解的。

建国大学一、二年级的课程设置以语言技能课为主，三、四

① 曹顺庆《比较文学教程》，高等教育出版社 2010 年版。

② 杨乃乔《比较文学概论》，北京大学出版社 2006 年版。

年级侧重应用及提高。中国文学课在四年级上学期开设,包括古代文学和现当代文学两门课程。笔者在教学过程中,以讲解基本文学常识为主,同时融合历史、地理、宗教等知识。中国文学在不同历史时代有不同的文学气象,各有其独特的审美趋向,结合朝代的更迭讲解文学的异同。学生在二年级已经学习中国历史,文学课与历史课的结合可以增加学生的熟悉感。如李白的宏大豪迈是盛唐气象的代表;李清照的婉约清丽蕴蓄着两宋的世事变迁;关汉卿的俚俗幽默充斥着蒙古人的自由洒脱;曹雪芹的《红楼梦》则潜含着明清时期的家国衰落之痛。

中国文学的发展中离不开“儒、释、道”的文化,诸子百家的思想也影响着文学历史的进程。中国的宗教主要以佛教、道教为主。印尼是崇尚宗教的国家,其宗教主要以伊斯兰教为主,伊斯兰教、基督教、天主教、佛教、印度教并称印尼五大宗教,而华人多信仰佛教、道教、孔教。孔子的儒家思想在中国历史的很多朝代被立为正统,但它不是宗教,而在印尼被称为“孔教”。文学课的诸子散文时期,讲解到孔子的《论语》时,很多印尼学生都会提到孔教。此时,顺着学生的思路,把中国的儒家思想同印尼的孔教做对比,进而思考印尼华人的宗教信仰及文化思想,大大提高了学生的专注度,也让学生对《论语》内容有了更深的理解。

在中国文学课中运用跨学科比较法教学,可以通过文学课对其他相关课程进行复习巩固,促进学生对中文技能与文化的融会贯通。文史哲等多学科的比较,一方面奠定学生的文学基本功,另一方面深化学生的综合理解能力。文学是一门综合性的艺术,跨学科的研究是对文学魅力的新拓展。

二　文学与电影

中国电影课是学生比较感兴趣的一门课程。建国大学中文系在四年级上学期设置了中国电影课，目的是锻炼学生的中文理解接受能力，增强学生对中国文化艺术的了解。电影课程首先简单讲述中国电影的发展历程，课堂主要是观赏电影，然后帮助学生赏析影片的思想、艺术及技巧。影片选择既注重学生的兴趣，同时也兼顾历史、文化、家庭、爱情等不同题材的展示。中国电影课的影片播放有较大自由度，教师可以自己选择有代表性的影片，也可以根据学生的要求进行适当调整。以下是电影课所选的一些文学类影片：

作家	作品	导演	电影片名
老舍	《骆驼祥子》	凌子风	《骆驼祥子》
莫言	《红高粱》	张艺谋	《红高粱》
余华	《活着》	张艺谋	《活着》
李碧华(香港)	《霸王别姬》	陈凯歌	《霸王别姬》
赵本夫	《天下无贼》	冯小刚	《天下无贼》
张翎(加拿大华裔)	《余震》	冯小刚	《唐山大地震》

所选电影多侧重中国文学相关影片，让学生通过电影对中国文学有更直观的了解。中国电影中的很多影片是根据现当代小说改编，有的改编自同名小说，有的对小说进行较大改编，并赋予影片新的名字。由于电影技术的影响，学生对早期电影不太感兴趣，多喜欢看比较新的影片。上表6部电影，学生最喜欢的是《天下无贼》，学生喜欢演员刘德华，影片的爱情故事也让他们感动不已；其次是《唐山大地震》《活着》，故事的主题展现亲情

的力量与人生的苦难，学生受到剧情的感染；《霸王别姬》的故事蕴含着丰富的历史文化，对人性的关注较深，学生普遍不太理解；《骆驼祥子》《红高粱》属较早期电影，影片效果不太理想，起初学生兴趣不大，通过讲解后逐渐了解了其丰富内涵。通过不同类型的文学影片，让学生对中国文学有更多的接触，减轻学生阅读文学作品的压力，调动其文学欣赏的积极性。

除了文学类电影，功夫电影《叶问》也非常受欢迎，学生对中国功夫电影有浓厚的兴趣，对功夫演员李小龙、李连杰、成龙、甄子丹等了解较多。课堂讨论时，学生各抒己见，对中国与印尼功夫电影的差异有很多新颖想法。《建国大业》明星云集，可以增加学生对中国历史进程的认识。中国电影课也激发了学生的深入思考，他们以此为研究论题，例如：比较中国与印尼电影中的鬼形象，张艺谋的电影艺术，分析《唐山大地震》中的主人公方登等。中国电影课既是电影知识的传授，也有助于欣赏能力的提高，同时扩充了学生的中国历史文化常识。

三 印尼华文文学比较

世界华文文学正蓬勃发展，印华文学是东南亚华文文学的重要代表，也是世界华文文学的组成部分。印度尼西亚华人经历了血与火的考验，三十多年的禁令使华文遭到毁灭性的打击。印华文学的发展历尽艰辛，新时期的华文教育与华文文学迎来了发展契机。“所谓‘新时期’的印华文学，又称‘复兴期’的印华文学，具体的是指1996迄于今。”①印华文学复兴至今，其创作

① 东瑞《流金季节续篇》，香港获益出版2006年版。

既有对历史积淀的挖掘，也有对当今社会的反思透视；既有冷静清醒的现实主义创作，也有浓郁的浪漫主义情调，其中不乏对现代主义手法的尝试。伤痕、反思、创新的并行不悖，让其创作独具魅力。[①] 印华文学在新时期取得较大发展，然而华文断层也导致了新老作家交接的困境。因此，引导学生关注华文文学，鼓励其写作，有助于培养印华文学的年轻一代。

中国与印尼同处亚洲，都属于东方文化范围，在历史文化方面有很多可比性。“跨文化研究主要是指在不同文化之间的一种双边的、影响行为的过程的研究。”[②]中国文学与印尼文学有着文化的差异，通过文学比较，对两国文化的研究也颇有益处。现代文学课讲解到诗歌时，让学生选择一首自己最喜欢的印尼诗歌翻译。很多学生用心地去查找资料，用自己的语言翻译出很多优美的印尼诗篇，比如印尼著名青年诗人凯里尔·安瓦尔(Chairil Anwar)的《我》，学生们被诗人“再活一千年”的豪气所感染。同时让学生对安瓦尔的《我》与艾青的《我爱这土地》进行比较，品味诗歌浓郁的感情，感受其诗作的异同。通过中国与印尼诗歌的比较思考，学生们谈出了自己对两国诗歌的印象，有的认为中国诗歌含蓄而印尼诗歌比较直接，有的认为中国古诗很精简而含意却很丰富，有的认为印尼诗歌也有和中国相似的押韵，这些看法都加深了其对两国文学的认识。

相比印尼本土文学，印华文学同中国文学有着更紧密的联系，创作风格也受到中国的影响，同时也呈现出本土特色。印尼华文开放时间较短，很多学生甚至不知道印华文学的存在，更不

---

① 马峰《新时期印华微型小说发展概述》，《新世纪学刊》2010 年第 10 期。

② 乐黛云《比较文学与比较文化十讲》，复旦大学出版社 2004 年版。

了解印尼的华文作家。引导学生关注印华文学,鼓励学生进行写作尝试,有助于印华文学的延续发展。中国现当代文学课给学生介绍一些印华比较有代表性的作家,如黄东平、林义彪、林万里、冯世才、袁霓等,让他们了解印尼华文文学的艰难曲折历程。印华文学是沟通中国文学的桥梁,学生对印华文学的接触,有助于更便捷的踏入中国文学的殿堂。有华人的地方就有华文文学,印尼的华文教育需要启发学生的文学兴趣,进而鼓励培养华文文学的爱好者、写作者。

四 比较教学效果

(一) 教学实践

海外华文教学需要宽广的视野,各国独特的环境是比较教学的天然土壤。印尼的华文教学要紧密结合本土资源,从语言习惯到历史文化差异等都是教学的有益参考资料。笔者在所任课程中多使用比较法进行教学,结合印尼的特色,让华文融入学生的实际学习环境之中,使其对华文知识有更好的消化吸收。通过课堂教学、课后作业、考试设计等多方面运用比较方法,启发学生的对比思考能力,引导学生的华文学习兴趣。在中国历史课堂,让学生比较中国与印尼的历史差异,如国家领导人称谓对比:中国的"国王—皇帝—总统—主席",印尼的"国王—苏丹—总统",通过称谓的变化讲述历史的变迁;学生也曾以"比较秦始皇与苏哈托治国思想"为研究论题。在中国电影的课后作业,让学生思考两国电影的发展现状,并写出自己比较喜欢的印尼电影。在考试设计方面,把主动权留给学生,让他们有更多自主发挥的空间,通过比较型试题检验学生的独立思考与分析能力。下表是各类课程的考试题目：

课程名称	比较型试题
中国现当代文学	比较中国新诗与印尼新诗，可以用诗歌的例子分析，要有自己的评价及看法。
中国古代文学	中国文学与印尼文学的差异，可选择诗歌、散文、小说、戏剧进行比较。
中国历史	1.你认为中国历史和印尼历史有什么不同？ 2.你对现代中国与印尼有什么看法？ （可以从历史、社会、经济及文化等方面，说一下自己的想法。）
中国电影	1.你认为中国电影与印尼电影有什么区别？ 2.比较中国功夫电影与印尼功夫电影，可以举例说明。

上表是考试题目设计例析，笔者在中国现当代文学、古代文学、历史、电影的科目考试中有意设置比较型试题。该试题类型考查范围广阔，灵活性较大，学生可以通过所学知识自由发挥。目前，建国大学中文系学生的华文文化底蕴普遍不足，对中国文学、历史、电影的理解多停留于表面，因此，试题的宽泛可以深入挖掘学生的兴趣所在。基础记忆性试题能检测学生的知识掌握程度，通过理解发挥性试题可以更好检测学生的实际运用水平。比较型试题看似简单，却包含了跨学科、跨文化的难度，是对深层理解能力的考查，更能体现出学生的华文综合能力。

（二）毕业论文撰写

印尼各高校中文系对毕业论文的要求各异，论文总体质量也有待提高。“目前，毕业论文还允许用印尼文或中文写，但鼓励准毕业生用中文写毕业论文。”①建国大学中文系从 2002 年

① 董鹏程《印尼华文教育的省思》，《印尼华文教育与教学》2006 年版。

开始招生，毕业论文要求使用印尼文、中文双语撰写。初期，学生的华文水平参差不齐，中文系的各方面规章制度也不太完善，尚处于摸索改革阶段。因此，2006 年至 2007 年第一、第二届毕业生允许以印尼文为主要撰写语言，以中文翻译为辅助；2007 年开始有一部分学生以中文为主要论文用语，但大多数学生仍选择用印尼文撰写；经过两届毕业生的论文考查，从 2008 年开始要求学生必须使用中文撰写毕业论文，同时以印尼文翻译为辅助。使用中文撰写论文可以提高学生的中文水平，同时也让学生更熟悉中文的书写习惯。学生在毕业论文的撰写过程中可以检验自己的中文掌握程度，在语言应用中也获得了宝贵的实践经验。以下为毕业论文统计表：

年度	论文总数	文学类	文学比较类
2009	39 篇	6 篇	1 篇
2010	41 篇	11 篇	3 篇
2011	41 篇	16 篇	1 篇

从 2009 年至今，笔者主要负责中国现当代文学课和中国古代文学课教学，通过两年多的教学实践，我们在教学过程中不断启发学生对文学课的兴趣。2009 年至 2011 年的毕业论文统计表明：学生的文学类毕业论文数量不断增加，论题也更加丰富，例如：古代文学中的陶渊明作品、李白诗歌、李清照词、《窦娥冤》、《西厢记》、《聊斋志异》等；现当代文学中的巴金《家》、老舍《骆驼祥子》、苏童《碧奴》、冯骥才《三寸金莲》、琼瑶《一帘幽梦》、金庸《神雕侠侣》、张翎《余震》等。比较方法在毕业论文中也大量使用，主要侧重于语言教学、文化、历史等方面。同时也出现文学作品的比较分析，但总体而言文学比较类论文相对较少。

例如：比较赛珍珠的《大地》与闵安琪的《兰皇后》中的人物形象，比较《红粉》与《艺伎回忆录》的女性形象，中西文学作品中的鬼形象对比，《梁山伯与祝英台》的小说与电影比较，比较亦舒的《风满楼》与米拉·韦的《拉拉别走》的风格。文学分析增多，比较方法多有运用，建国大学的毕业论文对文学的关注不断深入发展。

五　结语

印尼高等教育对华文的重视不断加强，然而总体教学质量还有待提高。截至 2009 年，"建国大学和印尼大学是印尼仅有的两所获得中文系本科评估'良'的大学。在印尼教育部最新的本科评估中没有大学获得 A 级（优：Sangat Baik），获得 B 级（良：Baik）的仅有两所，因此印尼各大学中文系本科的教学还有待进一步提高。"①印尼高等华文教育质量的提高，既需要国家教育部门的支持关注，也需要各高校科学周密的教学统筹。

建国大学中文系的教学安排，实施"基础语言技能培养与高级应用能力提高"并重。课程设置丰富，以社会需求为导向，开设中文电脑、中印翻译、商务礼仪、新闻写作等实用性科目，侧重培养学生的综合能力。中国文学课是提升高级应用能力的重要环节，通过中国文学课的教学实践，注重跨文化的比较视野，拉近印尼学生与中国文学的距离，不断消除由于文化差异带来的陌生感，进而培养学生的华文阅读鉴赏能力与写作兴趣。海外华文教学的比较视野，是融入各国语言教学的有效方法，双向交

---

①　马峰、许丽妮《印尼中文人才需求与培养策略》，《国际汉语教学实践与思考》2010 年版。

流有助于华文的应用提升。

贰　历史课[①]

一　中国历史文化课的设置及学生的华文基础背景

海外华文教育的内容极为丰富，从大的方面讲，可以分为语言和文化两个部分。语言即所谓的对外汉语教学，它是华文学习的基础；文化又分广义和狭义两种，广义文化泛指中华民族所取得的一切成就，狭义文化则专指中华民族在精神领域的成就，包括哲学宗教、文学艺术、风俗习惯以及价值观等。尽管在实际教学中也存在着不少学生或是单纯学习语言或是单纯学习文化这种情况，但从华文教育的宗旨和整体来看，这两部分的教学内容是统一的。语言学习是手段，是工具，文化学习是目的，是归宿。离开了文化背景，不可能学好语言，同样，没有语言做基础，要想去认识一种文化也是不可能的。

从华文教育的内容可以看出，中国历史文化课的设置在整个华文教学中占有极其重要的地位。

首先，语言是文化的载体，而任何文化又是在长期的历史发展中逐渐积累形成的，离开了历史一切都无从谈起。作为表意文字的汉字与其他文字相比有着更强的文化内涵，这种内涵只有从中国历史中才能找到正确和合理的解释。譬如在语言文字学习中，如果对中国古代的甲骨文和“六书”造字一无所知，恐怕

---

① 本部分节选自耿虎《浅谈海外华文教育中中国历史文化课的设置及相关教学问题》，《厦门大学学报（哲社版）》2002 年增刊。

很难去理解和掌握有着几千年发展史的汉字的结构和意义。至于其他文化事项，其历史依据就更为明显，限于篇幅，本文不拟展开。因此从广义上讲，所有文化事项的发展都是历史的发展，马克思、恩格斯所说的“我们仅仅知道一门唯一的科学，即历史科学”①，其真正含义也就在这里。

其次，作为华文教育中的文化，指的主要是在历史中形成的中华优秀传统文化。中华优秀传统文化经过了长时期的历史汰选，是中华文化的精华所在。我们向海外介绍和传播的，海外人士所看重的，正是这部分文化。从某种意义上讲，也只有这部分文化才能反映和代表中华民族的巨大文明成果和应有精神风貌。当然这并不是说现当代文化就没有价值，就不重要，而是从海外教育的特殊性来看，传统的比现代的更具民族性，因此也就更具世界性，更有介绍的价值和必要。

再次，作为了解认识中国的起步，中国历史课在华文教育中具有基础性的地位。对大多数海外学生来说，中国是一个规模庞大而又充满神奇的国度，悠久的历史，灿烂的文化，无处不折射出奇妙而迷人的光辉。要想走进这所庄严而神圣的殿堂，领略其无尽的瑰丽风光，一切必须从“头”做起。学习中国历史，正如掌握了一把打开这所殿堂大门的金钥匙，在它的引领下，你可以沿着一条最佳路径，尽情地观赏玩味，且最后会收获不菲，事半而功倍。所以，中国历史课的设置之于华文教学，不仅是不可或缺的，而且起着十分重要和关键的作用。从某种程度上讲，它的设置应该成为考察整个华文教学体系合理性的一个标准和

---

① 《马克思恩格斯选集》第1卷，人民出版社1972年版。

参照。

应当看到，在华文教学中由于教学对象的不同，学生的中国历史文化底子是不一样的。作为华文教育生源主体的广大华侨华人及其子女，在感情上对中华文化有着很强的认同感。特别是老一辈华侨和第一、第二代华人，即使已退休在家，甚至已届耄耋之年，但对华文学习仍兢兢业业，乐此不疲。他们发自内心的那份对中华文化的喜爱与执着，十分感人。这种在强烈民族情感驱使下的学习是不具有功利性的，称得上是自觉接受继续教育和终身学习的典范。不过，随着时间的推移，华文教育中的华人学生越来越以在海外出生的第三、第四代华人为主，而这部分人虽然“大多数在感情上向自己的母族文化认同，也希望保留自己的母语”，但“他们都是具有强烈当地化倾向的新人”，在文化上，逐渐西化或当地化，传统文化和传统价值观趋向薄弱”①。也就是说，这部分学生的华文学习虽然也有母族文化认同的感情需要，但为谋生着想的功利性成分明显增多，他们所从事的华文学习是学历教育与继续教育的统一。尽管不同时期华人的母族文化情结有轻重强弱之别，但总体上讲，与纯粹的外国学生相比，华人学生的中华历史文化知识还是有一定基础的。尤其是老一辈华侨华人，由于早年曾受到中国传统的浸染和熏陶，对中华文化有着切身的体会和感受。相对华文教育来讲，这种零碎的感性认识虽仅仅是初步的，还有待于进一步的系统和深化，但它确为以后的专门学习奠定了良好的基础。华侨华人之外，纯粹的外国人在华文教育中也占有相当的比例，且人数还在逐年

① 周清海《华文教学应走的路向》，新加坡南洋理工大学中华语言文化中心 1998 年版。

增加。对这部分学生的华文教育，既谈不上什么情结的认同，也没有任何基础可言。他们的学习纯是出于了解和认识中国的需要，中华文化对他们来说，是一种充满吸引力的全新的文化。不同教学对象的不同华文背景直接影响到教学方法和教学效果，是我们在探讨教学问题时应该首先弄清楚的状况。

二 教学中应注意的几个问题

教学对象和教学性质的特殊性，决定了海外华文教育在教学原则和教学侧重点上与国内一般的教育有着许多的不同。正确认识和把握华文教育的特点与规律，努力提高教学的针对性，是办好华文教育的关键所在。为此，我认为在实际教学中应注意处理好以下几个方面的问题：

其一，教育的目的在于传播中华文化，教学的侧重点应以传授知识为主。

前文已经指出，华文教育是对海外学生进行的中华语言文化教育，亦即华文教育的目的除了为海外培养华文人才外，重在向世界介绍和传播中华文化。这与以培养社会主义事业的合格接班人和建设者为目标的国内教育是很不一样的。华文教育的宗旨决定了在实际教学中工作的重心应以知识的传授为主，教学的育人功能不应过分强调，并应适当的淡化。应当承认，海外学生与国内学生在意识形态领域还是有很大分歧的。对有争论的东西暂时搁置，求同存异，从大家都能接受的角度，本着客观的态度来组织教学，就能顺利地完成教学任务，并取得良好的教学效果。以中国历史教学为例，人民是推动历史发展的真正动力，这是马克思主义史学的一个基本观点；相应地，在国内教学中历史上的农民起义、农民斗争占了相当大的分量。在海外教学中，是不是也应以同样的分量来努力说服学生树立这样一个观点？还是应该避“重”就“轻”，把这一部分内容加以适当说明，多腾出一点时间来去详细介绍一下中国的“四大发明”？两者之中哪一个更能体现和贯彻海外教育的宗旨与目标，相信在是不难作出合适的选择的。

其二，知识传授应本着客观的原则，以事实讲话。

教学效果的提高，教育目的的实现，不在于强迫学生去接受什么，而是应以客观的态度去进行知识的传授，用事实去讲话比用主义去压人，更容易让人接受。特别是对来自不同国度的海外学生来说，更是如此。充实丰富的教学内容通过教师教学艺术的发挥，相信一定会让受教育者心悦诚服，并乐于接受。在这里，教学中的“潜移默化”之法在海外教育中不仅是适用的，而且应该加以提倡。但需要指出的是，强调客观教学和“潜移默化”，并不是不要教学艺术，而是应正确地处理教学艺术与教学效果的关系。既要追求教学上生动的艺术效果，但也不能夸大其词，过分渲染。海外学生对于中华文化，尽管其中的华人学生有着或强或弱的母族文化情结，但总体来讲，在接触之前他们基本上还是站在一个较为中立的立场上的。过分的渲染灌输，不符合教育规律，其结果只能是适得其反。只要我们真正把该讲的东西讲透了，讲精了，中华文明的辉煌灿烂和中国文化的博大精深，一定会力透纸背，在学生的脑海中深深地扎根。这种具有强烈感染力的教学效果是来自“物华天宝、人杰地灵”所孕育出来的中华文明本身以及教育者对教学内容恰到好处的合理发挥。从事华文教育的工作者应在自觉遵循海外教育规律的前提下，不断改进教学方法，提高教学效果，力争使教学更能贴近海外学生的实际，更容易为海外学生所接受，从而真正起到向世界介绍和传播中华文化的作用。

其三，即使是本科、专科的学历教育，知识传授也应尽量浅显、系统。

知识传授上的浅显易懂，并不是肤浅，而是深入浅出，明白晓畅。客观地讲，海外学生的汉语水平即使再好，也很难与国内学生相比，再加上文化背景的差异，会对新知识的理解和接受产生较大的影响。于是就会出现在国内教学中不成为问题的知识点，在海外教学中反而成了问题这种情况。教学上的浅显通俗，是建立在教育者深厚的知识水平之上的，它对教育者的要求并不是降低了，而是提高了。因为只有对所授专业的深入理解和全面把握，才能做到讲授时的深入浅出，游刃有余。知识传授中的系统性，对于受教育者知识体系的建构是十分重要的。合理完善的知识体系犹如为在浩瀚的知识海洋中遨游的学生架起了一座明确的坐标，它可以使初学者从一开始就有一个明确的方向和正确的定位，使有一定基础的学习者在接受新知时能够对已有的知识及时作出归并调整，从而发挥其应有的作用。海外学生知识体系的建构与完善，不仅关系到我们的教学质量，而且还关系到中华文化在海外所产生的影响。我们应从为学生、为中华文化的传播负责任的高度来看待这一问题，给以足够的重视。

其四，教学应从学生的兴趣入手，突出“实用性”和“中国特色”。

受成长环境和已有教育方式的影响，海外学生在华文学习中所表现出来的思维方式和兴趣点与国内学生相比，也别有一番意趣。在国内教育中不算是教学重点的内容，在海外教育中反而会大受欢迎。仍以中国历史教学为例，中国历史上的重要人物、重大事件在国内教育中一般是作为教学重点要求学生着力掌握的。因此，国内学生也大多把学习的主要精力投放到这些重要人物、重大事件上，而对其他的历史内容则无暇顾及。海外学生则不然，他们的学习很大程度上是出于好奇，再加上没有受到过类似中国式考试的影响，所关心的往往是历史上的一些"细枝末节"，诸如"四大美人"是否确实存在，《周易》算命到底灵不灵，秦始皇的墓里究竟藏了些什么等等，常常问得你一时不知道该如何回答才好。这就是海外学生所了解的中国历史，是误区也罢，是曲解也罢，滑稽可笑也罢，不值一答也罢，我们的教育必须从这里开始。历史教育的价值，历史教育的使命，就在于破除人们心中的疑惑，还历史以真相。使没有价值、没有意义的问题变成有价值、有意义的历史内容，所谓化"腐朽"为"神奇"，不正是教育工作的魅力所在吗？在破中立，在立中学，从海外学生所提的问题中不是也可以看出把真正的中国历史文化介绍传播出去是有多么紧迫和必要吗？历史本来就是生动活泼、丰富多彩的，只注意细枝末节而忽略重大问题，显然有碍于对历史大势的把握，并非历史学习的正途；但抽去了细枝末节只去分析那些干巴巴的重大问题，对于认识历史的本来面貌同样是不利的，其结果也必然是得不到真正的历史。正确的做法还是应该从学生的兴趣入手，通过我们的教学，合理而正确地加以引导，使学生在明了历史大事的同时能够更多地去认识丰富多彩的历史生活。我们在教学中应该展现给学生的，学生所希望看到的，正是这样一幅"活的画卷"。

在目前的华文学习者中，除了单纯的出于兴趣爱好的语言学习者外，还有相当一部分学生是海外的华文教师。特别是在海外远程华文教育中，这部分人占了三分之一还多。[①] 他们的学习与目前所从事的工作有着密切的关系：一来可以提高学历，获取工作的"硬件"；二来可以充实专业知识，增强业务能力。限于海外的条件，他们身边的教学资料有限，不会使用相关的工具书，还常常因教学中疑难问题而困惑……凡此种种，他们都希望能从专门的华文学习中获得解决。因此，我们的工作必须考虑到海外学生的实际困难和实际需要，突出教学的实用性，尽可能多地为他们提供切实的帮助。教学中，过多纠缠于理论问题探讨，"穿衣戴帽"式的教学模式是应该尽量避免的。培养一支优秀的海外华文师资队伍，是关乎华文教育千秋万代的大事，我们应从事业发展的长远角度着想，努力做好这一神圣工作。

华文教学，讲授的本来就是中国语言文化知识，似乎没有必要再强调什么"中国特色"。但要看到，参加华文学习的海外学生不论其学习目的为何，学习华文的时间都是有限的。这也是为什么华文教育办学中多以短期班为主的原因。如何在有限的时间里将悠久的中国历史和博大精深的中华文化介绍给学生，这其中的确有一个对教学内容加以选择的问题。我们常说的"去粗取精"、"取精用宏"，在海外教学中有着极强的现实意义。经过合理的筛选，把最能反映中华文明成果、最有中国特色的东西，传授给学生，其效果肯定会大大优于一般的泛泛而谈。时间有限，内容繁多，教学中要作出合理得当的裁减取舍而又不至流

① 耿虎、黄香山《海外远程华文教育生源状况及相关教学问题》，《海外华文教育》2002年第1期。

于浮光掠影，是困难的但也是我们必须去克服的，即必须在现有基础上提高教学效益。

叁　中华才艺课①

美术的教育和传承，不仅是文化资源进入主流教育的过程，更是一个民族古老生命记忆的延续，同时，也是一个民族生存精神、生存智慧及活态文化存在的认知过程。在对外美术教育中可通过多种方式进行文化传承，通过中国画、民间美术学习让学生感受中华文化带来的审美体验，激发海外学生对中华传统文化学习的兴趣。

2008 年 4 月至 5 月间，笔者和福建师范大学海外教育学院、福建师范大学附属中学及我院音乐系的 6 名教师受“中国华文教育基金会”委派前往菲律宾，参加第三届“中华文化夏令营”，任夏令营美术指导教师。该活动的目的在于传承中华文化。在活动中，我们精选富含中华文化底蕴的教学内容，采用生动有趣的课堂互动，让菲律宾学生充分领略中华文化的博大精深，增强了他们对于中华文化丰富的审美体验，并且通过艺术交流传递民族友谊与情感。

一　*选择具有鲜明艺术特色和中华文化内涵的学习内容*

1. 通过中国画学习感知中华文化的博大精深，激发学生学习兴趣

---

① 本部分选自陈秉龙《对外美术教育中的中华文化传承》，《美与时代》2009 年第 3 期。

一种文化的传承、保存与发展，在很大程度上取决于该文化的拥有者具备怎样的将知识文化相传的能力[①]。多元文化背景下菲律宾华人世界对中国传统文化的继承有待华人的不断努力。现在华人后裔受西方文化的影响，对中华文化的了解越来越少，老华侨虽不断努力但收效甚微，如何改变这样的现状是菲律宾华人共同的困惑。通过几届夏令营实践和许多教师的研究认为，美术作为一种形象生动的富有审美情感的艺术语言，是引领菲律宾华裔走进中华传统文化的最好媒介。我国是具有悠久文化历史的国家，中国画具有独特的艺术表现形式，被誉为中华民族文化的骄傲，我们希望通过中国画教学让这些华人华侨的后裔逐渐成为海外中华民族文化的继承者，使传统的文化永不"褪色"。国画教学是传播我们民族传统文化的一个很好的途径。

在教学内容上，选择有中国传统特色又易于掌握的梅花、荷花、竹为主要教学内容可以取得良好的效果。学员都是中一到中四的学生(相当于我国中学初一到高一)，加上都在华校就读，有一定的绘画基础和文化背景基础。有许多学生学习过书法，掌握中国画基本用笔相对较快，临摹的效果整体情况很好。除了结合教授国画简单装裱外，如何欣赏中国画也是教学的关键。一幅好的中国画作品的笔墨意趣、意境是浑然天成的，让学生理解这一特点很重要。要达到好的效果，着重通过不同教学内容用多媒体展示中国画的特点、名家绘画、画家故事，让学生感受到中华文化的博大精深。

2.通过民间美术传承中华文化的审美意识，激发学生学习

① 胡佩《根深蒂固——儿童美术与文化传承》，《美术》2004 年第 6 期。

热情

著名作家冯骥才在他的政协提案中大声疾呼：在全球化时代，世界各国各民族都日益重视自己的民族民间文化。世界文化的大走向是本土化。这是因为民间文化是一个民族精神情感的载体，是民族凝聚力与亲和力之所在，是民族特征与个性最鲜明的表现，是民族文化的根基与源头。[①] 我国是文化古国与大国，民间文化博大而灿烂，无数珍贵民间技艺需要我们发扬光大。菲律宾受西方文化的影响颇深，对于参加夏令营的华人华侨的后裔，我们必须尽快将他们从西方现代主义和后现代主义的思想中唤醒，将真情实感连同他们的目光一起投向生机无限的华夏文明。我们尝试从民族古老的民间审美语汇中，寻求一种中国特有的美术教育资源，从中发掘出可被转换成具有现代意识的又与民族情结并行的美术教育形式，让这种文化把华人华侨的后裔从菲律宾多元文化中引领出来，恢复对中华文化传承的热情。

中国民间美术剪纸、染纸、中国结制作，都有极强的中国特色，都有动手操作容易、效果突出等特点，在教学中容易引起学生的兴趣。教授这些课程可以很快调动学生学习兴趣，从简单的动手操作中获得创造的快乐，从而引起学生继续学习的热情。民间艺术是中国母体文化，是中国文化民族性最为传统与纯粹的载体，是我们对外艺术教育和传承的良好艺术形式。我们可以利用这种艺术形式将这个中国文化的血脉同根同源的符号，带给海外炎黄子孙的后代[②]。

---

① 祝文明《让优秀民间艺术奇葩绽放》，《中国知识产权报》2005 年 7 月 27 日。

② 胡佩《根深蒂固——儿童美术与文化传承》，《美术》2004 年第 6 期。

二　运用多种艺术教育形式和多媒体手段营造审美意境

（一）运用多媒体教学营造良好的审美意境

多媒体教学是这次中华文化夏令营课堂授课的主要形式。计算机、投影仪和多媒体课件的灵活使用，加大了教学信息量，尤其是中国的历史文化、艺术表现形式和历史背景、绘画过程演示等，其教学效果远远超过传统授课方式。课堂信息量的增加提高了教学效率，但给学生做笔记带来一定困难。因此，在教学设计上，应充分考虑学生的学习习惯，采用适量、必要的板书提示和演示分析等辅助教学手段，以有利于学生课堂上主动学习和课后复习，加深对授课内容的消化与理解，取得良好的教学效果。

利用民族音乐、美术文化简介短片、PPT 演示文稿等多媒体资料在教学中创设情境十分有效。在教学剪纸、染纸时，我们提前对教室进行布置，制造浓浓的中国剪纸、染纸氛围，并通过美术文化短片欣赏，让学生感受中国民间美术带来的审美趣味，营造一个良好的审美意境，激发学生制作的热情。在良好的学习氛围中，教师、学生克服了语言的障碍，取得了很好的学习效果，学生作品得到菲律宾教师的认可。在夏令营汇报演出中，学生在舞台上布置自己的剪纸、染纸，表现出对这种美术活动的喜爱与肯定。在中国结制作的教学中，除了安排作品欣赏、中国结制作短片欣赏外，教师还和学生共同探讨作品的使用功能，激发了学生探索的兴趣。学生在作品中增加了许多自己的创意，使作品达到了良好的效果。

（二）运用多种艺术教育形式调动学生的审美情感和研究热情

怎样在短时间内培养学生学习的主动性，是这次夏令营美术教学的重点，运用多种艺术教育形式是调动异域学生学习、研究热情的良好手段。有效的艺术教育形式有：教学示范、师生互动、小组探索、绘画比赛、展示点评等。教学内容与形式若能满足学生某些方面的需求，学生便会对此产生学习意向、动机或兴趣，否则，只能是硬着头皮完成学习任务，学习主动性差，效果不好，效率低下。[①] 所以，在对异域学生教授民间美术、中国画时，形式多样的教学手段可以解决语言障碍带来的困难，让学生从好奇到感兴趣，从感兴趣到主动探索。同时创造条件让学生体验成功，让学生获得探索的信心。

1.教学示范对学生掌握知识起到积极的作用

不管是民间美术学习还是中国画学习，示范在教学中都能收到很好的教学效果。教学示范让学生在多媒体创造的审美意境中直接感受作品的制作过程，体会制作步骤和创造的快乐，同时对教师的创造过程充满了好奇，进而引发学生的好奇心和探索热情。示范也充分让学生了解到中华文化的博大精深，为教师的进一步完成教学任务做好了铺垫。

2.教师和学生通过经常性的交流，相互推动、相互促进，使教与学有机地融合在一起。

通过课后讨论，根据本节授课内容和制作的作品，学生提出自己的问题，教师给出答复并鼓励其他学生为提问的同学解答。教师也向学生提出一些基本问题，由学生通过思考、收集资料、课下讨论提出解决方案。教师通过课后习作展对学生的解决方案进行点评。师生互动式教学增加了教师的动力和压力，教师

① 刘忠红《少儿美术教育应重视民间美术审美意识的传承》，《美术》2005 年第 6 期。

要不断根据教学进展制作PPT课件，提高讲课效率，有针对性地制定新的教学方法；同时提高学生学习的主动性和积极性，使他们能够感受到学习的乐趣和师生之间的平等关系，增强了教学效果。

3.引发学生的小组探索，小组探索为学生的课后学习和作品完成奠定了基础

为了让异域学生课后形成良好的学习氛围，每节美术课后的讨论问题设计至关重要。好的问题留给课堂上自己组合好的小组，学生下课后就会主动进行讨论，因为是集体共同完成的作品，这种讨论带来小组探索的热情，这样大大提高教学质量，提高了完成的作品效果。课后问题的设计可以根据教学内容提出，如上剪纸的课后内容是“中国的春节如何布置?”“窗花可以用在哪里?”等。

4.通过作品展示与绘画比赛，让学生感受中华文化带来的审美体验

现代体验美学认为，人的瞬间直觉和体验可以形成永恒的意义，带给人审美的感受与顿悟，是艺术作品永恒生命的再一次体现①。在夏令营美术学习不同阶段结束时，为了让学生再一次感受中华文化带来的审美体验，我们设计了作品装帧与展示布置欣赏的环节。美术作品的欣赏是通过艺术作品获得精神满足和情感愉悦的审美活动，这种审美活动过程，是激发学生情感的良好手段。在特定的心境、时空条件下，让学生通过装帧技巧的学习，更多地认识到中国民间美术以及中国画的美感价值。

① 祝文明《让优秀民间艺术奇葩绽放》，《中国知识产权报》2005年7月27日。

通过展示，让学生感受艺术作品在不同时间、空间的艺术效果，是夏令营美术文化传承活动中发挥作用的重要环节。剪纸、染纸、中国画作品在装帧后的效果比装帧前有了很大改变，这种改变带给学生很大的惊喜，教师可以利用这种审美环境对学生进行更进一步审美启发，使作品装帧与展示活动带给学生更多的来自中华文化的审美体验。这种体验也使学生们更加自信于自己的创造。

在技能学习的同时，为了加强学生的参与意识，举办绘画比赛是获得良好效果的较佳选择。这种比赛在课堂上完成，可以比完成时间，比创意，比合作。多样的艺术教育形式营造了良好的学习氛围，很好地调动异域学生对中华文化的学习热情。

三 开展主题系列美术实践活动

主题美术实践活动可以开展的门类很多，但并不是美术活动越多、越热闹越好。如果只注重技能的传授，它的作用就大大削弱。实践证明，活动的“散”“乱”“杂”只会让教师和学生产生浮躁情绪和应付心理。如果将美术实践活动以某种方式加以整合，成为一个系列，并与学科相融合，那么会取得意想不到的效果。设计不同主题的美术实践活动，就可以帮助学生在接受技能的同时真实地体验中华文化。主题活动可以让具有不同才华的学生找到合适的展示舞台，张扬个性，找到自信。它既能较好地体现主题活动与美术学科的整合，又可以全面提高学生美术素养，张扬学生个性①，可以让更多对中华文化感兴趣、有特长

---

① 杨文娟《校园主题文化节课程化的实践与思考》，《江苏教育研究》2007年第5期。

的学生走到前台，发挥他们的特长。在主题美术活动中教师要巧妙搭建美术实践活动的平台。

（一）美术教师要成为活动引导者

例如，“感恩贺卡”主题美术活动中，美术教师是主要的活动引导者，带领学生了解给予夏令营活动大力支持的施东方博士事迹，组织学生展开制作感恩贺卡的讨论；运用学习的绘画、剪纸技巧制作感恩贺卡，进行贺卡展示以及贺卡祝语宣读……当一张张精美贺卡呈现在展台，听着学生富含深情的祝语时，教师、学生们欣喜地感受到了美术活动带给他们的快乐。因为有明确的分工和任务，所以教师和每位学生岗位清楚，责任明确；更重要的是，所有主题活动，教师都是在主题活动学习小组负责人征求意见基础上“加入”的，而活动内容又是集小组全体学生的智慧，所以得到了学生最大限度的积极参与。夏令营主题美术实践活动的实施让学生们变“要我做”为“我要做”。

（二）美术教学要渗透主题活动内容

每一个主题活动都设计了许多的活动步骤，这些活动会不会影响学生的夏令营学习生活呢？答案是否定的。因为所有活动都跟美术学科教学挂钩，不仅让异域学生的课堂充满了活动的快乐，而且还让课堂延伸到了课外。比如，“中国年”主题活动，就是一个综合语言活动、环境创设和中国民间美术制作课的活动，从指导选材、设计、确定主题、指导表演等方面全面渗透“中华文化”的思想，是实现中华文化与异域文化对话的良好时机。活动注重全员参与，在全夏令营两个班八个小组开展的基础上推荐优秀的小组参加夏令营的集中展示。当学生们在操场上跟着音乐制作与表演时，那份自信与快乐让观看的教师和同学深深感动。

“人人参与创造，体验中华文化”是夏令营主题美术活动精神。学生用自己的热情来理解中华文化，真实地体验中华文化的魅力，夏令营主题美术活动搭建的平台实现了中华文化与异域文化的对话、碰撞和融合。

一次不同寻常的菲律宾艺术教学之旅结束了，带给我们许多的收获以及对异域美术教育中的文化传承的思考，在全球化和多样化的背景下保持中华文化生态的丰富性和多样性取决于我们是否拥有将中华文化在全球华人世界相传的意识与能力。中华文化在国外华人世界的传承，无疑是实现中华民族文化传承与发展，使民族文化活态保护的有效途径，而我们可以通过美术将民族文化的精髓在全球发扬光大①。

第三节 课外实践活动

壹 实践活动的地位及作用②

至20世纪末，华文教育在质和量上都呈现出一种飞跃的态势，新形势下，文化实践活动在提升教学的效果、突出教学特色、

① 荆璞《浅谈美术课程的人文教育与文化传承功能》，《昭乌达蒙族师专学报》2008年第1期。

② 本部分选自李嘉郁《浅谈文化实践活动在华文教育中的地位和作用》，《八桂侨刊》2003年第4期。

促进学科建设以及获得社会效益等方面所具有的巨大潜力不可低估。但是,文化实践活动中存在的不足与缺陷也是显而易见的,一些基本的乃至原则性的问题甚至未得以明确,其教学化、规范化、科学化势在必行。

一 文化实践活动的作用

文化教学的形式主要有三种:一是课堂教学,如开设历史文化课、中国概况、旅游地理等课程。二是校园文化活动,如学生的摄影、作文展览,演讲,中秋节、圣诞节的文艺演出等。三是走出校门的社会实践,以汉语长期班的游教活动最具代表性。“游教”,即旅游教学,这是一种融旅游观光和语言文化教学、民族文化教育于一体的一种特殊的教学方式,施行已久且取得了相当的成效,已成为华文教育形式的特征之一。

从目前情况看,这些文化活动最显著的成效就是,在一定程度上解决了华文教育中的一些特殊问题,主要表现在以下几个方面。

(一)较为有效地调动了华裔学生的学习兴趣

“学习兴趣”是华文教育界非常重视而又倍感棘手的一个问题。华文教育的主体在海外,绝大部分学生是出生在海外的华裔青少年,并且,学生的低龄化和土生华裔儿童的增加是当今华文教育发展的显著趋势之一。虽然华裔儿童基于血缘的原因,易于对中文产生本能的心理认同,但是这种朴素的认同并不足以构成学习中文的根本动力。他们的汉语和中华文化的学习缺少相应的语言和社会环境,因而常觉得难而又难。在许多地区,这种课余的汉语学习也不在主流教育系统的要求之内,故不能对学生形成压力，学校周末的上课时间也往往使天性爱玩的孩子觉得自己是“受到了不公正的待遇”，一些学童甚至是“哭丧着脸”来上课。至于将中文作为一种工具的意识则需要学生有一定的独立思考能力之后才能具备。另外，华文学校本身在教学方法上也存在一些问题，如照搬国内传统的语文教学法。不少老式学校仍基本采用背诵、默写、造句等传统的语文教学方式，对当地儿童已熟悉的主流教学方法如启发式教学等未加以很好的研究和借鉴，从而使学生感到难以适应，加重了他们学习中文的压力和厌倦感。很多学生学习中文仅出于对父母要求的“被动遵从”。

如何提高学生的学习兴趣，作为一个倍受关注的论题，一再为海内外华教界所探讨。研究华文教育多年的美国学者麦礼谦在谈到目前华文教育中所存在的问题时曾说：“华教工作者面对的最大挑战之一是寻求更有效的教学方法，以激发那些在90年代已占到（美国）华校学生总数四分之三的土生儿童学习中文的兴趣。”①

在此，文化活动的作用不可小视。“借助文化的吸引力，激发学习语言的动力”，是华文教育工作者数年前即已指出的一条应对之策。《世界日报》曾发表中文学校学生王维萱的文章，她说：“我在中文学校参加的文化课是中国结……我本来不喜欢上中文课，可是只有参加中文学校的人可以去上文化课，所以为了上文化课，我才愿意上中文课。”这种感受具有典型性。在国内的旅游教学所安排的旅游参观、座谈访问、与中国学生的交流和

① 麦礼谦《传承中华传统——在美国大陆和夏威夷的中文学校》，《华侨华人历史研究》1999年第4期。

联欢等各种活动，在促进华裔青少年对中国的了解、激发兴趣、调动学习积极性方面，表现出了极为显著的成效。许多原本连简单中文都说不好的孩子在参加了游教夏令营后，“已不自觉地将中国看作自己生命的一部分，一定要学好中文的意识便油然而生”。孩子的这种变化往往令教师和家长感慨万分。

国内的华文院校尤其是补习类的华文学校同样存在学生学习兴趣不足的问题。很多学生奉父母之命而来，学习缺乏动力，没有积极性。这种情况可以通过文化教学得到一定程度的改善。在北京华文学院，音乐课是非常受学生欢迎的一门文化实践课。每次上课，教室里总是座无虚席，学生们跟老师学唱中国民歌《挂红灯》、《山丹丹开花红艳艳》等。他们情绪高昂，课堂气氛热烈，很多人下了课还手舞足蹈。又如上书法课，他们会兴致勃勃地去买毛笔、砚台，几个大字写下来，兴高采烈，自觉很有成就感，诸如此类。可以想见，文化教学使这些学生感到在华生活的美好与充实。

(二) 对整体教学目标的实现具有重要意义

华文教育应成为一门独立的学科，此说在上个世纪 80 年代已露端倪，但以种种原因曾一度沉寂。所谓“独立”，乃相对于对外汉语教学而言。90 年代后期始，华文教育的学科建设问题呼声再起，且不仅仅限于语言文化教学方面的探讨，学者们开始立体地、多角度地研究华文教育，并提出不少颇有见地的见解与构想。

客观地说，鉴于目前华文教育的研究状况，建立学科的条件并不成熟。但是，我们应有这样的学科意识，在理论研究和实践中，注意揭示华文教育的特殊规律，据此提出其理论、原则和方法，明确华文教育的发展方向，以之促进华文教育的学科建设。

这里，我们认为，华文教育应具三个层次。

第一层次为通过一定的形式，培养学生对于汉语言和中华文化的兴趣和感情，使他们具有一些民族意识和归属感。华文教育的宗旨之一是使华裔孩子通过在华文学校的学习，能够对祖籍国和中华文化有一点认识和了解，产生一些兴趣和感情，至于他们以后是否要在这一方面有所发展、有所作为，是次一步的事情。这同时也是很多学生家长的愿望。从这一点上说，文化教学也满足了这一部分家长和学生的心愿。

第二个层次，是使学生掌握相当的汉语技能和相关的文化知识。有无目的语的社会环境对第二语言学习具有极其重要的意义。在教学中努力为学生创造贴近所学语言的语言环境，使他们对所学语言有切实的感受，这是外语教学的基本原则之一。

第三个层次，是培养高级的汉语人才，即所谓的"汉学家"。华文教育同任何一种国家支持下的民族语言教育一样，不可能总是停留在普通语言教学的层次上，造就出一批高水平的汉学人才是其自身的必然要求。对于以上三个层次目标的实现，文化实践活动皆可发挥重要作用。尤其是，就国内涉侨院校目前的情况来看，除长期班外，另有短期班、夏令营的接待工作，而且数量不小。对他们的教学，主要是在第一或第二个层次上，要想收到满意的效果，文化活动的开展至关重要。

（三）帮助华裔学生树立民族自尊心和自豪感

就学科体系而言，华文教育无疑是中国对外汉语教学的一部分。关于在语言教学中要不要"弘扬"中华文化，中国对外汉语教学界在不同阶段有过不同的认识。上世纪 80 年代，受学术界“汉语热”的影响，很多人认为对外汉语教学应该偏重文化，以文化传播为主要目的。90 年代中，则发生了变化，认为对外汉语教学应定位于语言学和应用语言学，不宜提“弘扬”文化。但是，近两三年，随着对外汉语教学在质和量两方面的显著发展，“对外汉语教学是国家和民族的事业”，这样一种观点得到了越来越多业内人士的认同，已有诸多专家、学者、政府高级官员或撰写文章，或公开发表言论，明确指出，“（对外汉语教学）涉及我们的优秀文化传统，中华民族五千年的优秀文明对世界的影响，涉及我们在国际的地位。”呼吁在进行汉语教学的同时，“要更加突出介绍中国文化的比重”，“要主动地把中国文化的精华部分推广出去，使他们不仅学到汉语言知识，还学到中华文化的传统”。正是在这种形势下，在国家汉办最近下达的十项重点科研课题中，文化研究也列为其中的一项。语言与文化并进，将成为对外汉语教学发展的必然趋势。

传播优秀的中华文化，一直是华文教育秉承不移的明确宗旨，并且也作出了自己应有的贡献。在对外汉语教学领域，就此而言，可说华文教育已先行了一步。

除此而外，华文教育中的文化教学还担负着另一个重要使命，即培养华裔下一代的健康的民族意识。今天，很多的海外华裔青少年存有“民族认同疲惫”，“不愿做华人”的思想，然而他们并不能完全、彻底地融入当地社会，这使他们感到极大的困扰。如何帮他们寻找到精神寄托与身份认同，华文教育无疑是最佳途径。因此，华文教育又被称为“海外的希望工程”。一般来说，华裔青少年对于中国、中华文化都有一点认识、兴趣和本能的好感，如何使之强化、升华，则是一个非常复杂的问题。但有一点应注意，青少年之想法、观念的形成，往往凭借直接的观察和体验，而非说教灌输；而国外课堂上对中国文化、中国社会的介绍，往往失之偏颇甚至错谬，所以，实地了解中国、感受文化具有现实的意义。近年来，由中国国务院侨办组织的华裔青少年“中国寻根之旅”大型活动更在海外华人社会引起强烈反响。寻根访祖活动在华裔青少年成长过程中所起到的独特作用，是任何其他形式的教育难以企及的。加州大学伯克利分校的学生朱丽亚，在寻根之后写了一篇文章，文里写道：“我一直对我自己的家庭背景感到羞耻……寻根的最大的收获是对自己感到自豪。我是个中国人，我为此感到高兴。”一位参加北京夏令营的美国华裔学生在观看天安门升旗仪式后写道：“我被深深震撼了，心中充满了一种又强又深的感情。这种感情让我记住中国是一个强大的国家……”

（四）文化实践活动促进了华文教育的产业化、市场化

以夏令营为例。夏令营活动涉及众多的机构组织。目前有公费（国侨办资助）、半公费、自费等多种形式，海外侨团及国内相关机构均对此表示出浓厚兴趣，一直热心参与其中。一些地方侨办已开始尝试走市场经济的路子，争取夏令营营员费用自理，为此他们做了更多的工作，如加强与华人社团的沟通与合作，加大在海外的宣传力度，设法降低费用，等等。文化活动的这种市场化趋势对海外中文学校的生存和发展十分有利。

华文教育不同于国内的常规教育，与之有关并产生重要影响的不只是政府和教育部门。经济方面，为数众多、性质各异的各类华人社团和学生家长的捐赠及学费是学校最主要的经济来源，只有少数学校可得到来自当地政府和中国侨务部门的不多的资助，这样的经济来源显然是不充足且不稳定的。许多学校尚无固定的课室和活动场所，许多应有的工作不能得以顺利开展。为解决经费问题，一些学校曾产生过建立股份制、会员制等设想，实行起来却是困难重重。而学生文化实践活动的市场化，一方面，可为学校带来直接的收益；另一方面，可以扩大学校的影响，为今后的资金筹措创造一些有利条件。目前，这种市场化的文化实践活动已在局部地区推行，完全有可能为海外中文学校资金问题的解决提供一条持久有效的途径。

二 文化实践活动中所存在的问题

目前的文化实践活动，自然也存在一些问题，比如，对文化活动本质的认识还有待于进一步的明确，文化活动的内容和形式还要更加丰富和完善，对于文化活动的意义和功能也应该做更深入的挖掘，在学术水准上更有待于提高等。目前看来，这些问题比较集中地体现在国内汉语长期班的旅游教学上。

关于旅游教学，一般的情况是，在华学习的长期班学生平时每两周一次，由学校组织，由教授语言课的老师带领，在学校所在地区进行参观游览。另有每学期一次赴外地游教。每次游教活动前，都有老师先行介绍讲解，并给学生看有关的录像资料。长期以来，虽然这种活动已取得了相当的成效，也受到了学生及家长的欢迎，但其中所存在的问题也是显而易见的。

首先是定位不够明确。虽曰“旅游教学”，但从游教的现状来看，很难确定其究竟是“教学”还是“教学的调剂”。关于游教的功用，虽强调其语言实践与文化教育的意义，但二者的关系如何，在实际运作中应依循何种原则进行处置？对此至今仍无理论上的探讨与实践中的尝试。

定位的不明确必然导致操作中的无法可依，具体环节上的随意乃至放任之倾向时有发生。

选择什么样的地点，什么样的活动来开展游教，希望借此达到什么样的目的，应为一次游教总体设计的第一步，也是关键的一步。然而，对游教的选题，各校大多是凭感觉，凭习惯，甚至以是否方便易行来确定。其中的不足大致有四点。一是游教的地点多选择在风景名胜区，这本无可厚非，关键在于应注意选择最有中国特色、最具典型代表意义的名胜风景，而校方似对此考虑不足。二是过分偏重传统文化，现时性题材不足，如城市新景、名校巡礼等在现今一般旅游活动中已很常见的内容在游教中反而没有安排。三是所选题材不够平民化。一份调查资料表明，外国学生最希望了解的其实是当今中国社会。参观并感受普通中国人的生活，是很多学生特别感兴趣的事情。可惜这两点在选择游教题材时都被忽略了。另外，各校所选取游教景点数量不多且相对固定，少有变化，有些景点甚或一年二游，这对于学习期限较长的学生颇为不利。

有时选定了某些较好的游教题材，也确定了本次游教的具体目的，但在达致何种指标上则基本没有规划设计，更不可能在游教过程中有所体现，这直接影响了游教的成效。

与之相应的一个问题便是游教前与游教中的讲解不够充分且缺乏针对性。虽然学校在游教前一般会安排相应的讲解，但教学目标、指标的不明确及对学生的兴趣、语言程度、文化认知能力的忽视，往往使得这样的讲解流于形式。虽然现在已有学校在举办游教讲座时按学生的语言水平分班，但其文化认知能力的因素仍未得到正视，如日、韩学生与东南亚、欧美学生对中华文化的认识程度有明显差异。游教结束后，学校一般会组织相关的摄影、作文展览等，但其实际上是校园文化活动的一部分，而非对游教活动的检测考核。此外，历次游教结束后，校方亦缺乏必需的总结与思考，遑论研究。游教工作几十年来进展不大，与此不无关系。

学生方面，最严重的问题是其缺乏学习要求，这一点与其他外国留学生形成鲜明对比。其实学习动力问题一直是华文教育界需正视并着力解决的一个难题。学生大多视游教为旅游，外出只为赏景拍照。而游教缺乏正规教学形式上的检验考核，所以也无法给他们造成压力。

概言之，目前游教中存在的最大问题是操作上的非教学化，流于游而失于教，游教作为一种独特且极具潜力的教学手段，远未发挥出应有的效用。

三　文化实践活动的发展方向

开展文化教学活动，是涉侨院校一项长期的正规的工作，它不是一种调剂和点缀。有三个目标是我们今后要争取达到的。

首先是实现文化教学活动和语言教学的更好的衔接。中外汉语教学工作者普遍对目前汉语教学的效果不满意，华文教育当然也包括在内。这不完全是汉语本身特点的问题，关键是我们要改革和完善教学法体系。思路之一就是充分利用汉语学习环境，使学生能够通过课堂学习、课外活动和社会语言环境里的交际活动等多条途径学习语言，把各种课外活动纳入到教学计划中，进行合理的设计安排。不论是参观游览、座谈访问，还是游戏表演，都要给学生提供真实的语言交际情境，提供语言习得的机会。国外很多学校采用“沉浸法”进行短期强化教学，想方设法使整个教学和活动场所“中国化”。有些学校还把学员带到“中国城”去体验华人的社会环境。在英国，更有很多大学的汉语教学都采取了“三明治”式的方案，即在本国和中国的学习交替进行。这种注重交际能力并身临文化境地的做法颇受欢迎，已为澳大利亚、新西兰、加拿大等许多国家的汉语教学部门所采纳，“中国实地经验”越来越成为提高学生语言文化能力的有效途径。

我们在国内进行汉语教学，社会环境因素的优势更应该得到充分的发挥。如果仍然采用封闭式的课堂教学，无异于对这种资源的浪费。况且，很多东西，比如语感、地道的语音、对语言中文化因素的把握，特别是语言交际能力的获得，主要是通过自然习得的途径，仅靠课堂教学很难收到让人满意的效果。

我们对文化教学期望达到的第二个目标是，希望它能与海外中文学校的文化教育以及华裔学生特有的文化素质有所呼应。华侨大学的一个调查报告提到，中华文化在华裔学生身上的留存、积淀和影响，曾经令不少从事华文教育多年的教师感到“非常吃惊”。这个调查只是初步的，我们应该在这方面做一些深入的调查分析和思考，以使学生在海外受到的文化教育能够在中国本土得到巩固和升华。

最后，我们也希望文化教学在层次上有一个更高的提升，争取和国外汉学系的整体教学有所衔接，并且尽量做到适应华裔学生的文化背景以及他们的特殊要求。据我们所了解的情况，一些大学的汉语教学并不太适合华裔学生的特点。华文教育是主要面向华裔学生的具有服务性质的教育形式，应该在此方面有所作为。当然，这样一个目标的实现会是一个漫长的过程，但是华文教育无论是作为一门学科还是作为一项事业，发展是其必然的趋势。它在不同的发展阶段自然会有不同的目标、任务和特点。与世界汉语的研究接轨，培养高层次的汉语人才，将是华文教育的一个必然的发展方向。对此我们会不断作出积极的努力与探索。

贰 实践活动的形式①

近十年来，世界的地缘政治和经济格局发生了深刻的变化，一方面是在经济全球化进程不断加速的背景下中国和东盟经济体的崛起，另一方面是中国日渐成为世界重要的政治力量，在世界"汉语热"的背景下，面向海外华侨华人开展的华文教育蓬勃发展。

华文教育的根本任务是：对华侨华人进行中国语言文化教育，培养华侨华人的中华文化气质，向世界传播中华文化。具体而言，有如下几个方面：1.塑造华裔青少年的民族文化素质；2.维系华侨华人与祖籍国情谊的纽带作用；3.促进华侨华人所在国与中国的友好关系；4.传播中华文化，促进世界文化交流。其中，以中文教育来塑造华侨华裔青少年的民族文化素质，维系华侨华人与祖籍国情谊的纽带作用是海外华文教育的根本目的。海外华裔青少年是华文教育的主要对象。近年来，中国国务院侨办、地方侨办及高等院校采取"请进来"的方式，大力组织和开

① 本部分选自陈旋波《博物馆与海外华裔青少年中国寻根之旅》，《华文教学通讯》2011年第12期。

展各种形式的海外华裔青少年中国寻根之旅，取得了良好的成效。广义上，海外华裔青少年中国寻根之旅包括国务院侨办组织开展的“中国寻根之旅”、“中华文化知识竞赛优胜者冬夏令营”、地方侨办和高等院校自行组织开展的各类海外华裔青少年冬夏令营。海外华裔青少年中国寻根之旅已成为国家开展华文教育的重要组成部分。海外华裔青少年在中国除了接受一定的汉语及中华文化技能的培训外，更重要的是通过参观游览感受、体验和了解祖籍国的自然、历史、人文及现代化，从而培养海外华裔青少年的民族自豪感和认同感。在这种华文教育“游观”的过程中，博物馆无疑是一种重要形式。

一 博物馆的职能与“游观”的华文教育

国际通行的“博物馆”定义是1989年国际博物馆协会章程中对博物馆的界定：

“博物馆是向大众开放的为社会及社会发展服务的非营利性的永久机构，它为研究、教育、欣赏之目的的征集、保护、研究、传播并展示人类及人类环境的见证物。”

收藏、研究和教育是博物馆的三大传统和核心功能，其中的“收藏”和“研究”功能主要针对小众群体，而“教育”则是博物馆面向大众群体的核心功能。1984年，美国博物馆协会在题为《新世纪博物馆》的报告中指出了博物馆所承担的教育角色的重要性：“如果收藏是博物馆的心脏，那么教育就是博物馆的精神——教育能够使展示的作品以及作者思想以一种传递信息及富于启发性的方式呈现出来。博物馆的性质决定了它教育的目的，就好像在学校学习一样。”博物馆的这种核心功能使之成为国家和社会开展各种教育的重要场所，自然也是海外华裔青少年中国寻根之旅华文教育的必要阵地。博物馆的独特性、唯一性、知识教育性必然使之成为“游观”的华文教育的必去之地。

我国博物馆的数量近几年有大幅度的增长，现有各类博物馆近2000多座，其中文博系统博物馆达1500多座，博物馆藏品丰富，种类繁多(见下表)，为海外华裔青少年中国寻根之旅提供了良好的中华文化教育平台。

文博系统博物馆类型比例

类型	展品	数量	比例
综合类	收藏展示自然历史艺术等藏品	846	55.8%
历史类	历史文物含革命史和建筑成就	450	29.7%
艺术类	艺术品、工艺品文物	56	4.7%
自然科学类	自然物种、历史发展、反映科学技术成果的标本实物	23	1.3%
其他	包括丝绸、茶叶、农业、航空、体育、邮电、中药、交通、水利、煤炭、林业、公安、儿童行业等博物馆	143	9.4%

海外华裔青少年之前已接受一定程度关于祖籍国的自然、历史、人文及现代化等方面的教育。马来西亚、菲律宾等东南亚国家的华校多年来开设了诸如“中国概况”“中国历史”“中华文化”等知识性课程，欧美华校有“中国简况”等课程的设置，加之文化交流、家庭教育等因素，海外华裔青少年已具备一定的关于祖籍国的知识。然而，对于海外华裔青少年而言，这些书本知识是不完整的，是被悬置于异域文化背景的一系列概念、现象及学术成果，其“真实性”和“客观性”也难以得到建构与印证，从而影响了海外华裔青少年对祖籍国的认识和了解，更制约了他们的中华文化认同。因此，对于“游观”的华文教育而言，博物馆必然

成为强化和整合海外华裔青少年关于祖籍国知识的教育场地。

博物馆被旅游人类学者视为“停滞历史”“凝聚价值”“展示实物”“强化特质”“表达符号”的公共教育机构，有助于海外华裔青少年建构关于祖籍国的知识系统，还原自然、历史与人文的“真实性”，强化他们的中华文化认同。事实上，“游观”博物馆已成为海外华裔青少年中国寻根之旅的基本内容之一。如 2011 年 10 月在西安举办的第二届中华文化知识竞赛总决赛夏令营，来自世界 14 个国家的海外华裔青少年参观了陕西省博物馆和秦始皇兵马俑博物馆，通过博物馆这种特殊的教育平台，全面地了解了秦汉、隋唐的中国历史和中华民族的文明成就，从而进一步建构和印证了他们关于中国的相关知识。

如何遴选出那些最能充分发挥华文教育功能的博物馆，对于华裔青少年中国寻根之旅的组织者来说无疑是至关重要的。并非所有的博物馆均适合于海外华裔青少年，只有那些切合于华文教育根本任务的博物馆方能担当此任。具体而言，能充分发挥华文教育功能的博物馆应包括下列几种类型：1. 反映中国历史诸进程的，如国家及各省市的历史博物馆；2. 反映中华文明成就的，如各文明遗址博物馆；3. 反映中华民族优秀文化和思想的，如各时代艺术品博物馆，历代文学家、艺术家思想家专题博物馆；4. 反映近代以来中华民族追求民族独立的，如中国人民抗日战争博物馆；5. 反映华侨奋斗史的，如华侨博物院；6. 反映中国自然山川的，如民族文化生态村；7. 反映当代中国各项成就的，如城市博物馆、各行业博物馆。不适于作为华裔青少年中国寻根之旅“游观”的博物馆包括：反映地方奇异风俗以博取旅游噱头的博物馆、丧失民族气节或在此方面有重大争议的历史人物的博物馆、有赞美殖民主义侵略倾向的博物馆以及性方面的博物馆。

海外华裔青少年中国寻根之旅的组织者应该充分认识博物馆对于“游观”的华文教育的重要意义，有效地利用本地的博物馆资源，精心挑选，认真组织，使博物馆成为华文教育特殊的知识殿堂。

二 博物馆“体验”与“游观”的华文教育

“游观”的华文教育在本质上属于旅游的范畴。海外华裔青少年暂时离开惯常的环境到祖籍国的“异地”，以期获得知识和人生经验，完全符合人类旅游的诸种特征。正如学者所言：“旅游世界是一个有别于日常生活世界的特殊时空框架。旅游者在这个世界中的作为，主要是一种身心的体验，其目的是为了获得某种愉悦——旅游体验，是旅游世界的内核。”体验作为一个心理学概念，主要是指人的一种特殊心理活动——人对情绪或情感状态的自我感受，这种心理活动是由感受、理解、联想、情感、领悟等诸多心理要素构成的。在体验中，主体以自己的全部“自我”（已有的经历和心理结构）去感受、理解事物，因发现事物与自我的关联而生成情感反应，并由此产生丰富的联想和深刻的领悟。关于旅游的“体验”特质，对于我们探讨博物馆在“游观”的华文教育中的重要性有着深刻意义。

海外华裔青少年中国寻根之旅的目的绝非仅仅为了学习汉语和中华文化知识（这显然有别于留学和短期培训），而是在学习知识的基础上通过游观而产生对祖籍国事物的真切感受和深刻理解，并对其产生情感而生成体认意义的活动。中国寻根之旅是一种富有生命体验性的过程。作为“游观”的华文教育的一部分,博物馆不但是关于祖籍国的文物收藏和知识渊薮,同时也是海外华裔青少年亲历事物、酝酿情感、仪式朝圣、追寻意义,进而深化自身民族文化认同的触媒,是他们经历中华文化体验的独特空间场所。

首先,博物馆之游能够使海外华裔青少年产生亲历的现场感,并借由具体、丰富的文物和场景而升华出一种文化人类学所谓的“共睦态”体验,使原有的知识上升为具有主体性的积极情感倾向。如,海外华裔青少年参观陕西省博物馆后,亲证了汉唐时期中国的强盛博大,中华民族的自豪感和自信心油然而生,而每一个个体由于各自不同的知识背景、家庭教育及性格倾向而表现出独特的情感体验方式,这无疑将成为每一位海外华裔青少年难以磨灭的情感经验,最终潜移默化地实现华文教育的目标。

其次,博物馆之游是海外华裔青少年一种朝圣仪式。美国著名人类学家纳尔逊·格雷本认为旅游是具有“仪式”(Ritual)性质的行为模式与游览的结合,人们暂时离开惯常的生活环境,主动进入别地新鲜的空间,试图获得精神世界的丰盈与超升。博物馆作为伟大的中华文明的见证,代表了文化的“中心”,本身具有某种神圣的含义,博物馆收藏的文物、典章制度、伟人事迹显然强化了这种朝圣的意味。海外华裔青少年进入博物馆不仅是中华文化知识的学习和积累,更是怀着一种对民族文化崇敬的心情参观瞻仰。博物馆成为海外华裔青少年探求自己精神世界和文化价值的圣地,他们经历了这种类似宗教朝圣的仪式后,对中华文化必然有了新的精神领悟。在“游观”的华文教育过程中，应有效地组织海外华裔青少年参观瞻仰那些能集中体现中华文明及中华文化精神的博物馆，从而使华文教育效果事半功倍。

再次，博物馆之游是海外华裔青少年的一种审美体验。中华民族，文物璀璨，尤以工艺品和书画称于世。海外华裔青少年借由博物馆展示的艺术收藏，获得迥异于以往的审美体验。审美体验是指主体在具体审美活动中被具有某种独特性质的客体对象所深深地吸引，情不自禁地对之进行领悟、体味、咀嚼，以至于陶醉其中，心灵受到摇荡和震撼的一种独特的精神状态。青铜器、古玉、秦砖汉瓦、唐三彩、宋瓷元画、明清青花，这些蕴含着中华民族自然观、世界观和人生观的艺术作品最能唤起海外华裔青少年的“集体无意识”，使他们在游观的过程中获得视觉的享受和属于中华民族的独特的审美教育，从而达致“合目的性”的文化认同。

三 几点建议

鉴于博物馆对于海外华裔青少年中国寻根之旅的重要性，并结合目前国内博物馆“游观”的现状，本文提出几点建议：

一，建议海外华裔青少年中国寻根之旅的组织者及有关部门组织力量，严谨科学地遴选出适合海外华裔青少年中国寻根之旅的博物馆，建立华文教育文博基地。鼓励和支持华文教育文博基地培养专为海外华裔青少年中国寻根之旅服务的博物馆工作人员和导游。

二，由于国内文物分布的地区差别很大，建议承担海外华裔青少年中国寻根之旅的华文教育基地或院校建立自己的中华文化博物馆。

三，建议海外华裔青少年中国寻根之旅的组织者和承担者努力保证博物馆“游观”的质量。

第五章

中华文化与华文教材

第一节　语言教材中的文化[①]

新加坡汉语教材编写的历史悠久，其间虽经历了政治巨变、教育制度转型和教材的多次重编，但总体设计思路和编写方法并未发生根本性的改变。在传承华族文化和培养语言交际能力这两大教学目标的影响下，新加坡汉语教材走的都是语言文化合流的编写路子。由于教材内容带有浓郁的中华文化色彩，所以也可称为文化教材。本文以全球汉语为视角，以新加坡华族社群语言易位为切入点，探讨新加坡汉语文化教材的特色。

一　*新加坡华族社群语言生态变迁：茶越冲越淡*

（一）从内圈（"中原"区）至中圈（海外华人区）

从全球语言视角看，汉语在不同国家和地区的传播方式不同，汉语学习者的类型也各异。华人向海外各地的扩散，以及近几十年来因中国崛起而兴起的汉语学习热潮，使得汉语越发突显出区域特征。依据汉语的传播种类、汉语在居留地的社会语言功能域和语言习得类型等因素，我们将全球汉语划分为三大

---

①　本节选自吴英成、罗庆铭《新加坡汉语文化教材设计的沿革与反思》，《国际汉语 第一辑》，中山大学出版社 2011 年版。

同心圈：内圈、中圈、外圈（如下图所示）。

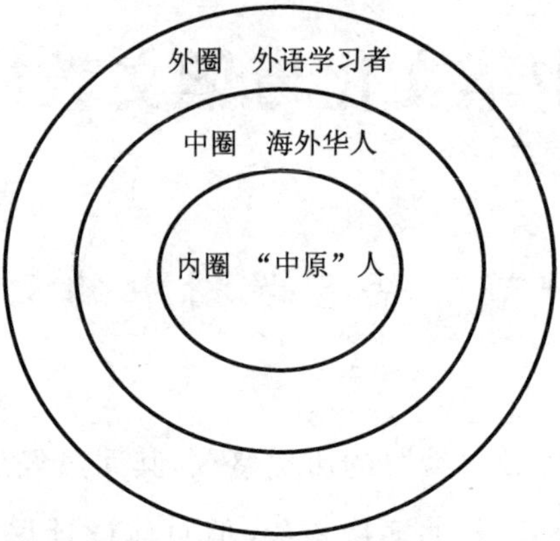

内圈指把汉语作为第一语言或者共同语的“中原”地区，包括中国大陆与中国台湾。前者将汉语称为“普通话”，后者则称为“国语”。内圈的特征是：汉语为政治、经济、法律、科技等领域以及正式场合的强势主导语言，同时也是学校的主要教学媒介语。

中圈指以汉语作为族群共同语的海外华人圈。其主要特征是：在多语社会中，汉语成为华人族群的标志及日常通用语之一。中圈的海外华人在学习汉语时所面对的问题比内外圈的汉语学习者都复杂，我们必须将中圈学习者加以分类，不能一概而论。大体而言，海外华人的汉语程度随着由“中原”地区移居海外的时间增长而逐渐削弱。同时，汉语学习策略也必须依据学习者的家庭语言背景、学习动机和目的进行相应的调整。以华族人口为主的新加坡是中圈里最重视汉语教学的国家。汉语不仅是新加坡四大官方语言之一，也是华族学生在校必修的族群“母语”课程。虽然华校生在新加坡接受旧制的华校教育，但其汉语程度并不亚于内圈的使用者和欧美等地的第一代海外移民。然而,由于"脱华入英"的大势所趋,新加坡华族学生学习汉语所面对的问题将与海外华人第二、第三代移民相类似。

外圈是指把汉语作为外语的非华人学习者,主要包括日、韩、欧美等的外籍人士。他们的学习方式包括在本国选修汉语作为外语课程,以及到中国大陆、中国台湾乃至新加坡实地学习。

身处不同语言圈的汉语学习者,语言文化背景不同,学习汉语的动机和目的各异,对教材和教学内容的取舍和要求也不相同。内圈的汉语教学强调语言、文化并重,教材中文学、文化的比重很大。外圈的汉语教学更多地侧重于语言技能的培养;在教授文化内容时,更重视程序性文化知识,而非陈述性文化知识,这种情况在教学的初级阶段尤为明显。在中圈海外华人社会中,由于各国国情不同、华族社群人数和分布各异,学习者对语言教学中文化内容的选择也各不相同。教材中语言与文化内容如何配置、文化知识点如何选取及呈现等都会成为影响教材质量的重要因素。

(二)从"脱方入华"至"脱华入英"

自新加坡1965年独立建国以来,双语教育即成为主流教育体系的基石。新加坡学生除了以英语为主要教学媒介语外,还必须修读所属族群的"母语"课程,希望实现政府既定的用英语谋生立业,以族群"母语"传承文化的教育目标。这一重大语言政策导致新加坡华族社群的语言生态发生了急剧变化。新加坡官方人口普查数字①显示:新加坡华族家庭常用语言正处于迅

① Tham, Seong Chee. Multi-Lingualism in Singapore: Two Decades of Development. Singapore: Department of Statistics, 1996; Leow Bee Geok. Census of Population 2000: Advanced Data Release. Singapore: Department of Statistics, 2001.

速易位阶段。

新加坡的早期华人移民多来自中国南方,彼此间只能用各自的祖籍方言沟通。新加坡政府为打破华族方言族群的藩篱,自1979年起大力推行"多讲华语,少讲方言"的"讲华语运动"。这个成功的全国性语言运动导致以祖籍方言作为家庭常用语的华族人口比例,由1980年的81.4%急剧下降至1990年的50.6%与2000年的30.7%;同时,以汉语为家庭常用语的华族人口比例则迅速增长,从1980年的10.2%骤升至1990年的29.8%与2000年的45.1%。这些数字标志着华族家庭的常用语正在"脱方入华",华人祖籍方言已失去语言堡垒(家庭域)的主导地位,汉语名副其实地成为新加坡华族的共同语。

然而,汉语在新加坡华族社群中处于主导地位的优势近年来也面临着强势英语的威胁。自独立建国后,新加坡以英语为主要教学媒介语,族群"母语"仅为一门必修课。政府通过行政语言等手段,使英语成为在政治、经济、法律、科技、行政等公共领域的高阶与强势语言。无论在私人企业还是行政机构等正式场合,英语都被视为主导的行政与工作语言。因此,使用英语的华人族群人数呈现出稳定的增长趋势,从1980年的7.9%增至1990年的19.2%,到2000年已达23.9%。

新加坡教育部华族小一新生家庭常用语(1980—2009)的统计数字[①]也显示,以汉语为家庭常用语的华族小一学生人数比例,从1980年的25.9%增至1990年的最高峰67.9%,随后便逐年递减,2000年为45.4%,2004年为43.6%。反观以英语

① 参见2009年3月17日李光耀资政讲稿。

为家庭常用语的华族小一新生人数比例却不断向上攀升，从1980 年的 9.3% 增至 1990 年的 26.3%，到 2000 年升至40.3%，更于 2004 年以 47.3% 的比例首度超越汉语，处于主导地位。到了 2009 年，以英语为家庭常用语的华族小一新生更增至近 60 %（见下图）。

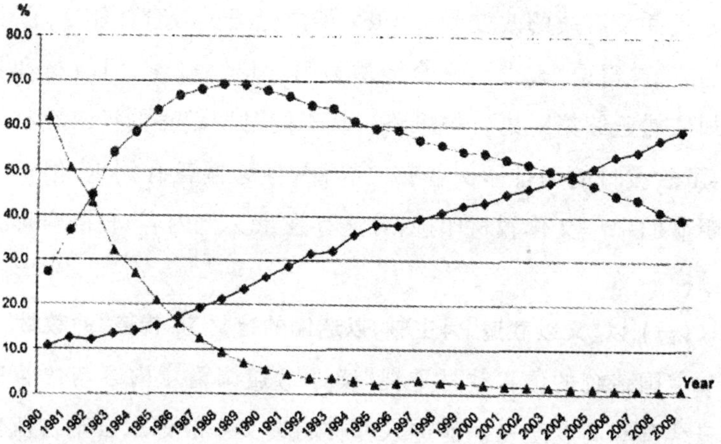

上图的数据清楚显示，新加坡汉语教学所面临的最大挑战是华族社群家庭语言环境的变化。新加坡汉语教学正经历着从第一语言教学向第二语言教学的转变，这种转变势必对汉语教学与研究的各个方面产生深远影响。

二　新加坡汉语文化教材的中国情结

汉语是新加坡华人的族群“母语”。汉语教学被冠名为“母语教学”，但“母语教学”的内涵在不同时期却大不相同。在1956 年《新加坡立法议会各党派华文教育委员会报告书》（*Singapore All-Party Committee on Chinese Education*，1956，简称《各党派报告书》）发表之前，汉语教学通常只在华校进行，英校中的华人一般不学习汉语。《各党派报告书》首次提出了新加坡学校必须教授两种语言的建议。从1959年起新加坡开始推行双语政策，英校中的华人和其他族群的人开始学习族群“母语”，第二语言课程和教材才应运而生。但当时所谓的第二语言教材多是第一语言教材的简写本，虽然名称变了，但教材的内容和编排方式并没有质的改变。自1987年推行国民教育体制起，新加坡的族群“母语”教学已完全转型为第二语言教学，但教材和教法却依然延续第一语言的思路。从不同时期编写的汉语教材来看，虽然教材的编排体例各有差异，内容选择各有侧重，但都带有明显的中华文化教材印迹，普遍存在重文化内容、轻语言形式的倾向。

(一) 以“文以载道”为主轴，以选编的范文为“传道”的教材

中国传统的语言教材重视“读经”，强调篇章内容与语言的完美结合和高度统一。能进入教材的选文一般都来自千古流传的经典文学作品、寓言故事、民间传说等。这些经典作品因其具有高度的思想性和文化性，更因其优美的语言，而成为历代学子学习的“范本”。这种选文式的教材编写模式一直沿用至今。

文化的继承和发展当从学习经典开始，这对第一语言学习者而言是再自然不过的事。但选文式教材对学习者的语言能力要求很高，他们必须具备良好的口语和书面语基础。

新加坡现行的汉语教材多半参考内圈中国大陆的《语文》、中国台湾的《国语》等“母国”教材，内容以“文以载道”为主轴。这种以内容的恰当性、文化的典型性为标准的教材编写模式，与传统语言教材一脉相承。“传道”教材对达成新加坡汉语教学中的“人文性”目标无疑是有利的。但这种以内容与文化为导向的教材在编写方式上存在着明显的缺陷，在语言技能和语言知识点的安排上难免顾此失彼，词汇、语法等方面的难易度也无法有效控制。

照搬“母国”教材与教法的做法，也造成了当地汉语教材的内容与移居地的现实生活脱节的情况。这样的教材很难引起海外第二、第三代华裔学习者的学习兴趣，教学效果大打折扣。许多学生纵然学了近十年的汉语，听说能力依然薄弱，无法读写者并不在少数。

鉴于新加坡华族家庭常用语出现“脱华入英”的趋势，2004年《华文课程与教学法检讨委员会报告书》①指出汉语应成为生活语言而非“传道”语言，建议采用灵活的单元式模式，按学生的语言背景和能力，采用差异教学法，激发学生的学习兴趣和积极性。

（二）重视陈述性文化知识，忽略程序性文化知识

除了重视传统价值观的培养，强调传承华族优秀文化也是新加坡汉语文化教材的另一个显著特色。1992年新加坡《华文教学检讨委员会报告书》②就曾建议，教材的内容“应该加入更多富有文化色彩、引人入胜的民间和历史故事”。2001年的《小学华文》③课本还专门编纂了“富有传统文化内涵，以传统文化为主目标”的“特定篇章”。在这样的编写思想指导下，教材的文化取向更加明显，节庆文化、民俗文化、诗词歌赋等被大量编入

---

① 华文课程与教学法检讨委员会《华文课程与教学法检讨委员会报告书》，新加坡教育部2004年版。

② 华文教学检讨委员会《华文教学检讨委员会报告书》，新加坡教育部1992年版。

③ 新加坡教育部课程规划与发展署《小学华文》，新加坡教育出版社2001年版。

教材。文化知识成了汉语教学的“主菜”，汉语课成了弘扬中华文化的知识课。与此形成强烈对比的是，与语言交际活动紧密相关的程序性文化知识被忽略了。学生知道司马光救人，却不知道司马光姓什么；学生知道“杯弓蛇影”，却不能用它说出准确得体的句子。对程序性文化知识有意无意的忽视造成学生可能学了不少文化知识，但文化能力却依然薄弱的后果。

在选择陈述性文化知识作为教学内容方面，存在着重古轻今、重“母国”轻本土的倾向。汉语教材中反映当代本土文化的内容偏少，而这些文化往往与大众生活结合在一起，恰恰是汉语教材的活力所在。

(三) 坚持母语思维，用汉语教华人

除了内容的选择以外，新加坡汉语教材在编排和注释上也继承了中国语言教材的传统，对文化知识点的注释一贯强调使用汉语。汉语是汉语教师的习得母语与第一语言，他们无法认同“像教洋人那样来教我们下一代”的方法，坚持只能用汉语教华人子弟。即使面对第二、第三代把汉语作为第二语言的华裔学生，语言文化知识的处理依然使用母语教材的方式。英文除了用于给生词注释外，几乎被禁止使用。教材编写者忽略了一个基本事实，即新加坡华人社会已经分化为两个不同的华人社群：以英语为家庭常用语的华人社群和以汉语为家庭常用语的华人社群。前者的文化基因已经改变，华族文化已成为他们的“异文化”，他们无法通过自然习得来构建华族文化体系。如果我们不采用跨文化比较的方法，不利用主导语言辅助理解华族文化，这类学习者文化知识的掌握和文化能力的培养都将受到影响。

三　新加坡汉语文化教材反思

(一) 语言交际与文化传递

语言和文化密不可分。虽然文化元素的教学应贯穿于语言教学之中,但对作为第二语言的汉语教学而言,语言与文化的重要性在各阶段存在着差异。一般而言,初级阶段应以语言技能培养为主,文化方面主要介绍交际性文化知识;高级阶段开设文化知识课,通过文化学习语言。这是两种不同的教材编写思路,目标不同,内容不同,教学效果自然也不同。在属于中圈的新加坡,新加坡教育部课程规划与发展署发布的《中学华文课程标准》①规定汉语教学有两个总目标:工具性目标——发展学生听、说、读、写四种语言技能;思想性与文化性目标——通过汉语的学习传递传统中华文化与新加坡核心价值观。但在汉语教材内容的选择上,忽略了第二语言初学者的语言需要,介绍中国文化的比例远高于语言交际操练的比例。两者应进行适当的调整。

在处理语言和文化的关系上,美国大学预修课程(Advanced Placement,简称 AP)中的汉语与文化课程②为我们提供了可借鉴的经验。AP 课程的主要目标是在完整的文化框架下培养学生的综合语言技能。AP 课程为学生提供及时而多样化的学习机会,一方面重视全面提高学生运用语言技能的熟练

---

① 新加坡教育部课程规划与发展署《中学华文课程标准》,新加坡教育部 2002 年版。

② The College Board. AP Chinese Language and Culture: Course Description (2009 - 2011). New York: The College Board, 2008. http://sina.echineselearning.com/pdf/ap08_chinese_coursedesc.pdf.

度，另一方面也强调这一切必须在广泛而真实的汉语言文化背景下达成。在AP课程中，语言技能和文化理解相互结合、相辅相成，语言教学在社会、文化和语用适当的情境中进行。鉴于新加坡华族学生家庭常用语已出现"脱华入英"的趋势，新加坡汉语教材应该采用第二语言教学的编写模式，走结构、功能、文化相结合的路子，加强汉语的交际性。教材内容应重视交际性文化知识，尤其是本土文化知识。新加坡的汉语语言环境虽不及中国内地及港澳台等地区，但却优于其他海外华人地区。这是学习汉语的有利条件，应该充分利用。

(二) 传统中国文化与当代中国文化

我们并不认为只有通过阅读寓言故事、成语故事才能提高学生的学习兴趣。若能发挥语言文化的实用功能，让学生学有所用，他们的学习热情也会提高，学习效果才会显著。新加坡汉语文化教材不能激发学生学习兴趣的一个重要原因是内容过于陈旧，缺乏时代性，与学生的现实生活脱节。学习者难以从教材中了解当今中国社会的国情风貌，以及当代中国人的生活面貌和心理状态。我们曾经对新加坡《好儿童华文》[①]的教材内容进行过抽样统计分析。在八大主题中，华族传统文化所占的比例最高（达20.1%），反映中国基本国情和文化背景知识的内容则少之又少。如此安排文化内容的结果是许多华族学生对当代中国社会缺乏基本的了解，在与中国人交往的过程中常出现语言交际障碍，甚至产生误解。

要提高新加坡汉语教学的效果，增强文化教学内容的实用

---

① 新加坡教育部课程规划与发展署《好儿童华文》，新加坡教育出版社1993年版。

性是关键。文化教学内容应是那些既根深蒂固又鲜活存在于现实社会生活中的文化知识或文化内容。这些文化元素对华族学生了解中国国情、理解中国文化,有着十分重要的意义。通过学习,学习者不仅能接触、了解这些文化,更重要的是他们能在日常生活中使用这些文化。

(三)“听说读写齐头并进”与“先听说、再读、后写”

新加坡现有汉语教材都是按照语言文化合流的思路编写的,在教学上一般采用综合教学法。这种“听说读写齐头并进”的设计思路不仅容易造成口语教学与书面语教学的杂糅,导致教材的训练任务不清,而且容易造成交际文化与知识文化的比重失调。

新加坡华族学生的语言生态已经发生了深刻的变化,“脱华入英”的趋势已愈加明显。在这种状况下,新加坡汉语教材应走“先听说、再读、后写”的路子。听说教材应以交际话题为纲,走结构、功能、文化相结合的路子,融交际文化于语言教学中,加强口语的交际性。根据学生的特点与需求,应进一步加强教学内容的针对性,走差异化的编写道路。在学生具备了一定的语言基础、口语能力后,再进入书面语的教学,通过广泛阅读不同类型的汉语文本,学习中华文化知识。

“先听说、再读、后写”的教学策略完全符合学习者的实际需求。在与内圈人进行沟通时,海外华人若能用汉语表达意见,将可拉近彼此的距离。掌握听说交际技能便成为最起码的条件。在遇到汉语文本时,若能无障碍地阅读,将可以准确了解第一手资料。掌握阅读汉语文本的能力也显得不可或缺。输出性的写作技能虽然难度最高,但有口语和阅读作为基础,其掌握也就变得更有可能。

以汉语为第二语言的专业人士在写作时也可先用英文撰写初稿，请他人译成汉语后，自己再订正修改。长期以来，许多海外华人与外籍中国问题专家都以此方式与内圈人士交流，并无障碍。可见这种语言学习策略对汉语为第二语言的学习者来说，效果尤其显著。

第二节　文化教材[①]

"蒙学读物"是传统上中国儿童的语言教科书。蒙学读物一般具有三个特点：第一，韵文的形式；第二，语言教学与道德开化相结合；第三，语言教学与人文知识相结合。表面上看，蒙学读物跟汉语作为第二语言教学不相适应，理由如下：第一，蒙学读物是第一语言教材，因此就带来了学习难度问题；第二，蒙学读物是韵文，相对于当今普遍认同的"听说"、"情景"、"功能"，这就凸显了实用性的问题；第三，蒙学读物是封建时代的作品，因此就暗含了思想问题。所以，当今汉语二语教学的园地里看不到蒙学读物的影子，似乎也是自然的、可接受的。

然而，基于以下理由，我们认为有必要把蒙学读物与二语教学相结合的话题提出来，供学界同仁指正：第一，十年以前或者更早，对外汉语教学的学生主体似乎是一般意义上的外国人，而当前，华人无疑是学习者的构成主体；第二，华人对中华文化的

---

① 本节选自王汉卫、刘海娜《从〈弟子规〉的改编看蒙学读物的华文教学价值》，《华文教学与研究》2010年第4期。

态度跟一般意义上的外国人不同；第三，对许多华裔学生而言，汉语作为第二语言学习的起点、环境、目标、过程等跟非华裔有别。基于以上三点，必然会引发一个问题——要不要考虑某种程度上的分流教学、区别对待；第四，语言教学当然要结合目标语言的特点，韵文的形式是否是汉语特点的一个体现；第五，第一语言的教材当然不适用于第二语言教学，但是否可以通过改编而降低其难度；第六，旧时代的东西直接拿过来肯定不符合“时代原则”①，但是否可以抽取具有永恒价值的思想作为教材的主题。基于后三点，改编传统蒙学读物的问题也就不能不认真考虑了。

汉语二语教学的新形势是否应该引发教材建设的新问题？蒙学读物的形式和内容在今天的华文教学中还有没有价值？如果有，又如何让它们在华文教学中获得新生？这正是本文关注并试图回答的问题。

一　华文教材应该是新时期教材建设的一个关注点

进入新世纪以来，全球范围的汉语热持续升温，但一个基本的事实是汉语热的主体为海外华人。

自 20 世纪末以来，随着东南亚华文教学的解禁，学习者学习华文的热情高涨，华文教育表现出强力的反弹。不管是在中国国内还是在海外，华裔学习者都日益成为学习者构成中十分重要的一个部分。遗憾的是，当今的教学和教材建设似乎并没有对这个情况给予足够的重视，理念上仍然延续“对外”，即对一

---

①　赵金铭《对外汉语教学概论》，商务印书馆 2004 年版。

般外国人的汉语教学思路。

然而,华裔汉语学习者作为一个群体跟非华裔汉语学习者在有共同点的同时,也有着深刻的区别①。这些区别择其要者可以表述为以下几个方面:第一,年龄偏小;第二,很少真正的零起点;第三,更好的语言环境;第四,对中华文化的更多认同,"融入性"学习目的突出。

结合语言教学和教材建设,上面四点可以做如下的初步阐释。尽管有"第一语言"和"第二语言"的概念区分,但实际上,不管是在理论上还是在实践上,二者都难以绝对区分,年龄越小,汉语教学就越适宜增加更多的第一语言教学色彩。当今的汉语学习者群体正在由当年的"成人化"迅速向"小幼化"发展,这一发展也必然特别突出地表现在华人社会中。在二语教学上有"零起点"这个概念,用来指目标语言能力和认知完全为零的学习者,更重要的是:这个概念对教材和教学都有基本的指导意义。如果说对一般意义上的外国人,"零起点"是一个普遍适用的概念,而对华裔学生,这个概念恐怕普遍不适用。我们在多年的教学实践中也很少遇到真正零起点的华裔生,他们一般具有一定的听说能力和一定的(甚至是很好的)方言能力,最起码是对汉语有一定的认知或感知。这些情况表明:华文教学未必一定要"听说领先"。对外汉语教学这些年的实践总体上走的是"听说领先,读写跟上"的教学路子,"以交际能力的培养为核心"是一条总的教学原则②。对于一般外国人来说,保证了听说教学的成功就"功"不可没,对于华裔学生则有所不同,很多学生本

---

① 郭熙《华文教学概论》,商务印书馆 2007 年版。

② 赵金铭《对外汉语教学概论》,商务印书馆 2004 年版,第 102 页。

来就有一定的口语基础，甚或相当好的闽、粤、客方言基础，另外，不管是在居住国还是来华学习汉语，华裔学习者的语言环境都是一般非华裔学习者所不可比拟的[①]。

既然华裔生相对而言具有较好的口语基础和听说环境，如何进一步提高他们的语言能力便是必须思考的问题。刘颂浩将交际语言能力构成表述为背景能力、语言能力、语用能力、策略能力、流畅能力，其中的“背景能力”和“流畅能力”对有一定华语（或方言）基础的学生来说显得尤其重要[②]。

在以上的几个观察点之中，也许最需要重视的是文化问题。与中华文化相关内容的教学，一直在对外汉语教学中扮演着“灰姑娘”的角色。“教材中要注意人类文化通感，不可一味弘扬中华文化”。[③] 可以说，谨慎地对待“中华文化”，是对外汉语教学界的主流认识，也体现在教材、教学乃至测试材料上的方方面面。

我们认为，如果说对一般意义上的外国人不宜过多地谈中华文化，相反，对华裔则有必要设计更多中华文化方面的教学内容，特别是观念文化方面的内容，因为观念文化是中华文化的精髓、是华人之为华人的文化要件，也是维系与祖籍国情感的纽带。

综合上述几个方面，我们认为有必要把作为第二语言教学的华文教材建设纳入到对外汉语教材建设中来。

---

① 吴建玲《对一百名华裔学生语言文化情况的调查报告》，《语言教学与研究》1996 年第 4 期；郭熙《华文教学概论》，商务印书馆 2007 年版。

② 刘颂浩《第二语言习得导论》，世界图书出版公司 2007 年版。

③ 赵金铭《论对外汉语教材评估》，《语言教学与研究》1998 年第 3 期。

二　传统蒙学读物是华文教材的一种原材料

首先,从文化的角度,蒙学读物会立刻进入我们的视野。

笼统说来,所有的传统蒙学读物都会或多或少地承载着观念文化。可以说,《三字经》一类蒙学读物是以儒家文化为核心的,综合了儒、释、道等诸家思想,特别是仁、义、礼、智、信、孝、悌、勤、谨、让等思想的大荟萃。这些思想的主体不是封建垃圾,而是历久弥新的文化瑰宝,是世界华族引以为荣的文化标签。这些文化精华也与西方世界的价值观念有相通之处,如华人尊崇"仁者爱人",《圣经》里也说"要爱人如己";再如"多行不义必自毙",《圣经》里同样说到"恶人的道路必将灭亡"。这些文化遗产都是全人类共同接受的,因此在华文文化教材中理应得到体现和重视。华文教学需要充实传统文化特别是观念文化方面的内容,而蒙学读物在相当程度上符合这个需要。

其次,从语言形式上,用韵是蒙学读物的普遍特点,少量教材不但考虑到了用韵,还使用了对仗。用韵、对仗对教材编写者是相当大的考验,而对教材使用者却是福音。

也许有人会说,用韵等形式是古代诗文的需要,是蒙童为了应付科举不得不接受的训练,而现在是散文的时代,韵文、对仗的形式已无价值。这种认识有一定的道理,但忽视了蒙学读物的形式跟汉语汉字特点相适应这个基本面。

汉字属于语素—音节文字,再加上字形上的二维方块特点,这就造就了汉语口语及书面表述上可以追求长短、外观高度整齐的可能性。中国古典诗词歌赋的高度发达正是建立在汉语汉字特点的基础之上,传统蒙学读物也很好地利用了这一特点。

对仗的形式更是隐含了组合聚合的原则。对仗本身预设的词性对品、结构对应、形对意联等特点就给学习者创造了一个自助识别语义的语境,即通过语句的对举、平衡和统一帮助学习者把语言材料放到上下文语境中,通过组合和聚合规则明朗语义关系、归纳出汉语的表意特点,这无疑降低了文本的理解难度。

近年来,汉语教学界有不少人开始认同"字本位"①,字(或语素)在汉语语义单位上占据基础地位,而构词方式以由字到词的复合法为主恰恰又是汉语的特点,因此,能够体现汉语特点的言语形式必须得到重视。以单字为基本构句单位的蒙学读物正好适应这样的词法和句法特点,有助于学习者领悟汉语的深层语法规则。

所以我们认为,高度发达的声律作品是汉语汉字特点的体现,也是学习汉语汉字不可忽视的材料。另外,我们呼吁重视传统蒙学读物还有以下两点原因:第一,有助于降低记忆的难度。押韵和整齐的句长对记忆具有提示作用,可以降低记忆的难度。显而易见,韵文要比散文更容易记忆。第二,有助于提高文本的趣味性。精美的形式是教学材料趣味性的来源之一,而韵文、对仗不单能够体现汉语的特点,同时也彰显了汉语的美。

本小节的讨论使我们认识到,蒙学读物所采用的形式,以及蒙学读物本身,是讨论华文教学教材建设的时候所不能忽略的。进一步而言,单单从形式的角度看,蒙学读物的价值并不局限于华文教学的范围,其对一般意义上的汉语第二语言教学也有一定的价值。

---

① 吕必松《汉语和汉语作为第二语言教学》,北京大学出版社 2007 年版。

三　《弟子规》的用字考察与删改

尽管蒙学读物基本上体现了"蒙学"的特点，但今天来看，特别是从第二语言教学的角度来看，这些蒙学读物还是有相当大的难度。因此我们认为，蒙学读物与华文教学的结合，至少应该考虑如下几条原则：用典较少，文史百科知识较少，用字较少，较接近现代汉语。根据这几条原则，在古代"蒙学"读物中，较符合要求的是《弟子规》《增广贤文》《老学究语》这三部书。下面具体分析它们的字种量，以及这些字种在《汉语水平词汇与汉字等级大纲》中的等级位置，以观察它们的教学难度和价值：

书名	甲级字种/所占比例	乙级字种/所占比例	丙级字种/所占比例	丁级字种/所占比例	级外字种/所占比例
弟子规（共计 480 字种）	251/52.29%	111/23.13%	42/8.75%	42/8.75%	34/7.08%
老学究语（共计 1067 字种）	452/42.36%	270/25.30%	130/12.18%	115/10.78%	100/9.37%
增广贤文（共计 910 字种）	430/47.25%	231/25.39%	100/10.99%	85/9.34%	64/7.03%

从上表可以看出，字种量少是它们的共同特征，《老学究语》和《增广贤文》在 1000 左右，而《弟子规》甚至不足 500。几种读物的甲、乙级用字比例都在 65%以上，其中《弟子规》和《增广贤文》的甲、乙级字比例更是高达 70%以上。总之，以上读物的甲、乙、丙、丁四级用字比例都在 90%以上。

但我们必须认识到，这些数据仅够表明它们具有良好的改编基础，并不能表明它们以目前的面貌就简单易学了。毕竟，它们不是现代汉语，也不是口语，离当代生活有了相当的距离。以相对最简单的《弟子规》为例，其中也有不少现在看来不大常用的字及不常用的表达。例如下面一段话：

朝起早　夜眠迟　老易至　惜此时

晨必盥 兼漱口 便溺回 辄净手

冠必正 纽必结 袜与履 俱紧切

置冠服 有定位 勿乱顿 致污秽

其中就有例如“盥、溺、辄、履”这样较为生僻的字，以及“净手、紧切、冠服、乱顿”等现在不再使用的表达方式。显然，要想使蒙学读物在华文教学中得到“重生”，必须要经过“浴火”——重新改编锤炼。有鉴于上述统计结果，我们首先选择对《弟子规》进行面向华文教学的删改尝试。下面是删改前的一些考虑。

第一，《弟子规》所在的时代是过去的，而学习者却是现代的；第二，海外华人社会不是一个独立的政治实体，而是扎根在外国政治和文化的土壤之上的；第三，汉语大多已不是海外华人弟子的第一语言。这三点就决定了改编后的《弟子规》应该既是传统的，也是现代的；既是华族的、乐于为华裔所传承的，也是世界的、乐于为所在国原住民所接受的；最后，还必须既是文化传承的，也是语言学习的。为了实现这三个“既是……也是……”，具体的删改必须遵循以下两条原则：

首先，内容上“不泥古”。要想使我们的文化教育既有助于华人保持自己的优良传统，又有助于华人与其他族裔的和谐，就必须尽最大努力保证我们所宣教的文化是真正优良的文化，以“扬弃”的理念对待经典，删除封建的、陈旧的，或过于严苛的行为要求，与此同时，尽可能多地保持中华传统文化的厚重和魅力。真正好的中华文化不是“传统”，也不专属于“华人”——它属于全人类。这是内容修改上的最高准则。

其次，形式上“不泥形”。相同的内容，换用更高频、更简单的字，换用更通俗、更接近口语、更符合现代汉语语感的表述方式，使其更符合当代的、初级的、非第一语言的汉语学习。

按照上面的认识，我们对《弟子规》做了删改，下面是新旧《弟子规》的用字情况所做的对比：

	甲级字种/所占比例	乙级字种/所占比例	丙级字种/所占比例	丁级字种/所占比例	级外字种/所占比例
改编前(共计480字种)	251/52.29%	111/23.13%	42/8.75%	42/8.75%	34/7.08%
改编后(共计337字种)	209/62.02%	72/21.36%	30/8.90%	19/5.64%	7/2.08%

可以看到，改编以后的《弟子规》用字大幅减少到337个，并且基本控制在了《汉语水平词汇与汉字等级大纲》的范围内，其中83%以上的字都属于甲、乙级字。

当前的中国文化教学有两个特点：一是普遍把文化处理为中高级阶段的教学内容；二是把文化理解为一种知识。显然，这两个特点是紧密联系的，把文化内容的主体理解为知识，涉及的字词量必然会大，就只能放到中高级。而《弟子规》的改编尝试表明，启蒙读物不但可以融入华文教学，而且可以运用到初级阶段的教学中。一直以来，不管是哪一种语言作为第二语言，初级阶段的学习者都是主体。可以预见，如果以主要承载观念文化的《弟子规》《老学究语》一类的启蒙读物为突破口，再加上适当地删改，降低阅读门槛，就会使其不仅符合文化传承的需要，也符合“先易后难”的教学规律，还能够因为面向最大的人群而取得最大的社会效益和经济效益。

四 《新弟子规》的编写尝试

按照原《弟子规》的框架删改后，《新弟子规》分为15课。第一课是总则，其后14课，每3字为一句，每16句为一课完整的主课文。课文内容上涵盖了“孝、悌、谨、信、仁、爱、学”等主题，集中体现了底蕴深厚的华族观念文化。课文形式上以主课文为核心，每课的结构如下：

导读：用简单的汉语说明本课的主要内容或提出相关话题，以导入新课。

导读译文：为了使学习者流畅、清晰地进入学习，导读配翻译（暂配英语）。

温故篇：温习前两课的主课文。

知新篇：当课主课文。

白话译文：以现代汉语的方式重新表述课文。

英语译文：用学习者的母语（暂配英语）翻译“白话译文”。

字词句：从当课主课文中选出较难或具有文化价值的字，为其配置解说、组词，及例句扩展。字、词、句的讲解语言采用最简单的汉语，默认的用字量为800个甲级字，超出的字词随文配拼音和翻译。本书“字”的讲解、例词例句的编配不满足于包含基本意思和用法，而是会承载大量的文化内容。可以说，本书以主课文的“字”为起点，编织了一幅中华文化的美丽画卷。从人文思想到风俗习惯，从圣贤人物到风光景物，中华文化之精华，多有涉及。

补充阅读：基本上，每课配一个历史故事，这些故事具备三个属性：源自中华经典故事；紧扣当课主课文的主题；文字难度严格控制。

《新弟子规》全书总字数22365个，全书总字种1391个。平均每字复现15次。其中，改编后的《新弟子规》课文总字数707字，字种337个，其他部分新增字种1054个。字种分级如下表：

	甲级	乙级	丙级	丁级	级外	合计
《新弟子规》用字	209	72	30	19	7	337
其他部分新增用字	462	327	127	88	50	1054
合计	671	399	157	107	57	1391

从上面的数据可以看出，本书在用字方面有严格的控制。绝大部分是甲、乙级字，占 77%，非甲、乙级字只占 23%，级外字大多是无法回避的人名、地名用字。

本书的标注原则如下：为了诵读的方便，课文标题及主课文（知新篇）全部注音。其他部分的注音原则是首先扣除主课文的用字，剩下的字种按《汉语水平词汇与汉字等级大纲》分级，甲级字不注音，甲级以外的字第一次出现时注音。注音字及由其构成的词配翻译。这样，671 个甲级字（特别是其中的 462 字）可以说是本书的严格起点，这样就完全明确了使用者应具备的汉语水平。

本书所配练习尽量求简，也尽量求“有效”。除了一些随机题型，练习册的构成主要有 4 个部分：文化复习——结合主课文和经典语句的填字背诵题；汉字复习——列举当课新出现的难字，供学习者复习、辨识；词汇复习——针对当课出现的词汇，分选词填空和组词两个题型；阅读扩展——配当课相关内容的延伸阅读，富有趣味性和文化性。

从上面的介绍可以看出，这本“定向”的语言学习教材有“五重三轻”的特点：重文化、重字词（及类词汇单位）、重诵读、重阅读、重输入；相反，轻语法、轻口语、轻功能。我们不仅希望它凸显华文教材的特色，更希望它能够跟现有多数教材形成互补分布，成为现有教材的有效补充。

五　结语

本文以《新弟子规》的编写为例，从文化、内容、形式、难度等角度对传统蒙学读物用于华文教学进行了初步的探讨。我们相信，经过适当的整理，部分蒙学读物可以在华文教学中重现光彩。最后需要指出的是，海外华人社会大都经历了从“华侨教育”到“华文教育”再到“华文教学”的蜕变[①]。本文始终使用的是“华文教学”这个概念，考虑的就是要大体适应于现状。我们不期望华文教学退回到华侨教育，但从“华文教学”回归为“华文教育”应该是全球华人共同努力的目标。也许，实现这个目标，对传统启蒙读物改编、利用，从而形成具有韵文形式和观念文化内涵的简易读物，具有不可替代的价值。

第三节　课外文化读物[②]

开发多语种的汉语文化辅助教材是国家汉办在中山大学国际汉语教材研发与培训基地的项目之一。笔者负责《漫画成语故事》的教材开发工作。

一　教材定位

据徐弘博士就北美对外汉语教材长达两年的调查统计分

① 郭熙《华文教学概论》，商务印书馆2007年版。

② 本节选自邓淑兰、程燕《海外文化辅助教材〈漫画成语故事〉的编写——以〈自相矛盾〉为例》，《对外汉语教学与研究》2010年第1期，南京大学出版社2010年版。

析，目前大陆出版的海外华文教材存在诸多问题，突出表现为杂、乱、差、快，缺少精品。其原因主要是教材缺乏精准的定位。

中山大学国际汉语教材研发的汉语文化辅助教材，定位为面向海外学习者的辅助汉语学习的文化教材。它以介绍中华传统文化为主，同时又与汉语学习密切相关。整套教材包括体验系列、漫画系列、图说系列等。

教材的适用对象：基地就海外文化系列辅助教材的使用对象进行了总体定位。其中漫画成语故事定位为少儿，适用对象为10—14岁的海外华裔中小学生，学习者学过一年左右汉语，有一定的汉语基础；也适用于对中华文化尤其是汉语成语故事感兴趣的其他读者；也可用于课外辅助学习或自学。

教材难度：由于成语是一种难度较大的熟语，教材的生词等级比较难控制，但生词的释义会尽量使用甲乙级词，并运用多种释义的方法，尽量降低生词学习的难度，生词总量大约15个左右。语言点以初级语言点为主。

编写目的：编写此教材的目的是让学习者通过漫画了解中国成语故事，进而激发海外华裔少儿学习汉语、学习中华文化的兴趣。

二 编写团队

此次基地教材的编写团队组合了国外团队和国内团队的优势。团队组合既有专业性很强的专家学者，又有教学经验丰富的海内外教师，还有海内外的汉语学习者。

为编写海外文化辅助系列教材，基地聘请了海外教材专家以及海外一线的汉语教师，他们为教材的编写出谋划策，把国外的汉语教材市场和学习者的需求信息及时反馈给国内团队。同时，国内团队每开发一篇样课，都及时发送到海外的相关学校，让一线教师进行试教，并及时收集试用意见，反馈给国内团队。国内团队针对反馈意见再进行修改，如此反复，直至达到比较理想的效果。通过这样的合作，我们有信心编写出符合国外市场需求的高质量的教材。

国内编写团队主要由具有丰富教材编写经验的一线对外汉语教师、有创新意识的年轻研究生、高年级华裔留学生、多媒体公司等共同组成，主要负责教材的整体设计、编写故事文本、制作漫画、收集整理反馈意见、修改教材样课。同时，国内团队在国内也进行多渠道的样课试用。首先把样课给中国的一至三年级的小学生看，收集他们对漫画文本的意见和看法，然后选择水平合适的留学生，对他们进行试用，把反馈的信息进行分析整理，再与国外反馈的信息进行综合分析。在此基础上，对教材进行科学合理的修改。

三　编写原则

（一）科学性原则

尽管《漫画成语故事》是文化辅助教材，但其编写也须遵循第二语言教学规律，符合学习者实际水平、心理特点及认知特征。

为使编写的教材更具科学性，课题组在明确教材定位的基础上，开展了相关的应用研究。

课题组主要就中国大陆和中国台湾现有的小学成语故事书、对外汉语成语教材、对外汉语教材中的成语，成语研究论文以及成语使用频率进行了考察。

课题组考察了大陆地区的小学成语故事书和词典约 70 余种，这些图书多是作为小学生课外读物来编写的，主要分为小学生成语词典系列和小学生成语故事书系列。台湾地区出版的小学成语故事书课题组考察了 20 本。这些图书主要是作为少儿课外阅读的读物，类似的教材有肥鸟谅编著的《漫画成语通》(格林文化 2009 年初版)。

关于对外汉语成语教材的考察，由于资料有限，课题组只分析了两套：一是针对成年留学生的对外汉语教材——《成语教程》(对外汉语教材·语汇与文化)；一是针对未成年人的对外汉语教材——《中国成语故事》(双双学中文)。

关于对外汉语教材中的成语考察，课题组一共考察了读写、精读教材 31 本，其中初级 16 本、中级 11 本、高级 4 本。

同时，课题组统计了《汉语水平词汇与汉字等级大纲》(1992 年北京语言学院出版社出版)中的成语情况。该大纲共收录成语 133 条，其中甲级词为 0，乙级词 1 条，丙级词 18 条，丁级词 114 条。

学界对成语的相关研究论文，课题组统计了 21 篇，其中硕士学位论文(中、英文)13 篇，涉及的基本是成语的本体研究、汉英或汉韩成语的对比研究、成语教学研究；期刊论文 8 篇，涉及的大多是对外汉语教学中的成语教学及偏误分析。

在对课题的相关问题进行较为充分的调研后，课题组再确定教材的整体编写设计，这无疑更具科学性。

(二) 趣味性原则

汉语难是全球都认同的事实。用这么难的语言编写成语教材,且使用对象是10—14岁的少儿,更是难上加难。因此,要想吸引学习者的眼球,引起他们对教材的兴趣,教材在形式上就必须有创意。为此,我们采用少儿普遍喜欢的漫画形式来制作成语故事,用漫画的形式把故事内容演绎出来。由国内一线教师编写出生动详细的故事情节作为漫画制作的脚本,漫画制作公司以此为依据绘制漫画。在漫画中只出现生词和简单的语句,不出现故事的文本,学习者主要借助漫画来理解和完成成语故事的学习。这样学习者不用看大量的文本,也就不会产生畏难情绪,从而降低了学习的难度,而且突出了漫画成语故事的特色,增强了教材的趣味性。

如“自相矛盾”:漫画突出设计了一位滑稽可笑的商人形象、一位睿智的老者形象以及一群形态各异的围观者形象。画风夸张可爱,语言生动夸张,符合海外少儿的审美心理。

为突出漫画成语故事的特色,不只是成语故事用漫画来体

现，而且生词的注释也采用图说和漫画的形式。如：矛盾，由成语“自相矛盾”引出，在生活中的常用意义主要有两个，一是指心情方面的，一是指人与人之间的关系不好。如果用文字解释这个词语难度就比较大，因此教材画了两幅漫画来分别阐释。一幅是一个孩子手里拿着300元钱，左右两边分别画着他喜欢的两个玩具，每个玩具的标价差不多是300元，例句（加注拼音和英文翻译）从孩子的嘴里说出：“两个都喜欢，买哪个？很矛盾。”另一幅漫画是两个孩子背对着背生气的样子，旁边的例句是：“这两个人有矛盾了。”通过这样的漫画诠释“矛盾”的意思，就降低了学习者的学习难度，也突出了漫画成语故事的特色，增强了教材的趣味性。

当然，只注重形式是不够的，形式只能把学习者的眼球吸引过来，要使这种注意力和兴趣保持下去，内容的趣味性就至关重要了。因此，选取故事性强的成语故事是教材趣味性的一个重要保证。为此，在选取成语词条时课题组把成语故事本身的趣味性作为选取的重要原则之一。

总之，不论是教材的形式还是教材的内容，都要把趣味性放在重要位置。

（三）实用性原则

编写教材之前，课题组把初选的100条成语词条向海外相关专家及一线教师征求意见。得到两种不同的反馈意见：一种是强调成语的故事性，主张选择“愚公移山”“精卫填海”这类成语；一种是强调成语的实用性，认为“愚公移山”“精卫填海”这类成语，虽然故事性很强，但海外学生实际使用的机会很少，学了却不能用，这种教学效果必定会不如人意。鉴于这种矛盾，课题组对初选的100条成语在谷歌进行了检索，同时对《大纲》中出现的成语在北京大学现代汉语语料库上进行检索，据此作为选取成语词条的参考依据。

根据调查统计的结果，我们以实用性和趣味性为原则选取成语，把成语故事蕴含的文化内涵和日常交际有机结合起来。

但是，就成语而言，因其书面语的语体色彩浓，在中国人的现实生活中尤其是口语交际中使用频率并不高，更不用说要外国小孩使用了。那怎样才能突出成语的实用性呢？这是个棘手的难题。

经过反复考察，我们找到一个突破口，首先挑选出一些趣味性强同时在生活中使用频率较高的成语，再从这类成语中进行二次挑选。二次挑选的原则是从这类成语的字面可以引出一个现代生活中常用的词语或引申出一个新的熟语，如“自相矛盾”引出“矛盾”，“对牛弹琴”引申出“乱弹琴”，“滥竽充数”引出“充数”，“得意忘形”引出“得意”，“画龙点睛”引出“点睛”，“毛遂自荐”引出“自荐”。从成语中引出的“矛盾、乱弹琴、充数、得意、点睛、自荐”这类词语在生活中的使用频率，比成语本身的使用频率要高得多。如果学习者在学习了这些成语之后能够学会这些词语的用法，教材在一定程度也就实现了成语实用性的原则。同时，这也符合学习者的需求，能够学以致用，容易产生成就感。

四　编写体例

《漫画成语故事》共设计10课，每课一个成语故事，单独成册，最后合订成套，可分开单册使用。每课由漫画、生词、活动三大板块组成。考虑到海外学习者的汉语水平及上课时间的限制

(每周一般只有2个课时),作为文化辅助课教材,必须严格控制词汇量及难度。每篇课文的内容设计一般在一个课时内完成。学习者能从成语故事里学会几个关键的词语、句型,基本理解这个成语故事就达到教学目的了。

下面以《自相矛盾》为例谈谈教材的编写体例:

1.漫画

因为成语故事的内容情节主要通过漫画来体现,因此,教材的重心之一就是创作漫画。为更好地把握教材的设计理念,漫画制作公司在教材开发的前期就参与整个团队的工作。关于漫画的风格,我们参考了目前几种主流的画风,并结合中国的传统元素,定制出一种独特的中国风格,力求用图画凸现成语故事中的主要情节。配合深入浅出、生动有趣的简单文字,使学习者能够通过生动有趣的漫画,了解成语中的关键字词和成语的意思,起到寓学于乐的效果。

漫画创作以课题组提供的成语故事文本为依据,创作好漫画的初稿后,给课题组审稿,评估其是否符合要求,能否达到用漫画演绎故事的效果,发现问题及时修改,再由课题组的文本编写成员在漫画中加入简短的语句或短语。如"自相矛盾"的漫画设计突出了故事中的两位主角,一位是滑稽可笑的商人,一位是睿智的老者。漫画中的文字不多,难度不大,如:第一幅是商人在集市上吆喝卖矛和盾的画面,插入的句子是从商人的嘴里说出的"来看呀",很简单,形象极富感染力,生动夸张。在之后的漫画里,突出了"最尖的矛"和"最硬的盾"的特点,并辅以"Hey hey、Heng heng、Haha"这类语气词突出商人骄傲得意的形象。而睿智老者的"???",很自然地引出了"矛盾"、"自相矛盾"。这样的漫画创作符合少儿的审美心理，也没有多少汉字出现，易受学生的欢迎。

2.生词

每课生词都控制在10个以内。每个生词均有拼音、英译、图释，另根据每个生词的特点，采用不同的释义方式，如反义词释义、词汇扩展、例句释义等形式。以“自相矛盾”为例，本课生词共6个：

矛：拼音、英译、图释，扩展词汇（刀）。考虑到学习者为少儿，不宜有暴力倾向的图释，因此用日常生活中的水果刀作为同类词的扩展，而不采用现代兵器与“矛”这一古代兵器做对比。

盾：拼音、英译、图释、扩展词汇（警盾）。警盾是现代生活中警察在特殊情况下维持社会秩序的一种防护工具，其功能与古代的盾相同，可借以帮助学习者理解“盾”的意思。

尖：拼音、英译、图释、扩展词汇（矛很尖、笔尖）。其中“矛很尖”是漫画和故事突出的一个重要元素；“笔尖”是学习者在学习和生活中常见的，如果学生感兴趣，还可以扩展出更多的词语，如指尖、山尖、针尖等，而且使用了“尖”的两种词性。如果学生水平高，可以让他们掌握这一点。

硬：拼音、英译、图释、扩展词汇（一块很硬的石头），此外用反义词“软”配一幅柔软的丝绸布料图释义。扩展词汇为“硬币”，有美元的硬币图释。这是生活中常用的，可以帮助学习者更清楚地理解“硬”的意思。

矛盾：例句加漫画的阐释，前文已有论述。

最后是成语自相矛盾的释义：拼音、中文释义、英译。可以说，整个漫画都是对这个成语的图释。

3.活动

活动即课文的练习。因教材定位为文化辅助教材，且课时有限，因此活动的设计要控制数量和难度，要有趣味性、启发性。教材的活动设计主要以任务型、互动式、体验式和开放型为主。考虑到学习者的汉语水平，活动内容以先英文后中文的形式呈现。

如“自相矛盾”的活动设计理念：自相矛盾这个故事中，商人推销自己产品的广告行为很有现代生活气息，结合这一点，教材提供简单的脚本，让学生分角色扮演商人、智者、围观者，表演成语故事。如果学生汉语水平高，就可以由学生自己创意，拿自己的一种商品去销售，试试同学们怎样为自己的商品做广告。这类活动能激发学习者的表演欲和创作欲，能发挥学习者的主动性和积极性。

五　教材呈现形式

根据海外少儿的特点，版面设计以美观实用为原则，教材的呈现形式既有精美的纸质漫画，又有成语故事的动漫音频文本。教师可以先让学生看一遍动漫 flash，给学习者一种视觉和听觉的体验，然后在教师的辅助下，让学习者看漫画文本，学习过程结束后，再让学习者听一遍音频文本。这样，学习者可以对成语故事有一个完整的了解，同时还可以考评自己对漫画成语的理解程度。

此外，教材附载多种教具和体验实材，并有网络等多媒体支持，使学习过程从传统的读书变为读图、读书、看视频相结合，从被动学习转变为互动合作的主动学习，从而使学习者产生长久持续的学习兴趣。

图书在版编目(CIP)数据

中华文化教学研究/李海燕主编.—北京：商务印书馆，2015（2017.3重印）
（华文教学研究丛书）
ISBN 978-7-100-11001-3

Ⅰ.①中… Ⅱ.①李… Ⅲ.①中华文化—教学研究
Ⅳ.①K203

中国版本图书馆CIP数据核字(2015)第011959号

中华文化教学研究
主　编　李海燕
副主编　廖崇阳

商　务　印　书　馆　出　版
（北京王府井大街36号　邮政编码100710）
商　务　印　书　馆　发　行
北京市艺辉印刷有限公司印刷
ISBN 978-7-100-11001-3

2015年6月第1版　　开本 880×1230　1/32
2017年3月北京第2次印刷　　印张 8 3/8

定价：30.00元